HUA SHENG DUN

华盛顿的故事

王艳娥 ◎ 主编

榜样的力量

榜样的力量是无穷的，好的榜样能给我们积极的思想、正确的行为、良好的习惯、完善的人格。树立了榜样就等于找到了自己前行的方向。

榜样是无比强大的力量源泉。

图书在版编目（ＣＩＰ）数据

华盛顿的故事/王艳娥编著. -- 长春：北方妇女
儿童出版社，2010.2（2021.1重印）
　（榜样的力量）
　ISBN 978-7-5385-4360-5

Ⅰ.①华… Ⅱ.①王… Ⅲ.①华盛顿，
G.（1732～1799）—传记—少年读物 Ⅳ.①K837.127=41

中国版本图书馆CIP数据核字(2010)第020190号

华盛顿的故事
HUASHENGDUN DE GUSHI

出 版 人：刘 刚

责任编辑：张 力　刘聪聪　于 潇

开　　本：650mm×960mm　1/16

印　　张：12

字　　数：128千字

版　　次：2010年2月第1版

印　　次：2021年1月第6次印刷

印　　刷：三河市三佳印刷装订有限公司

出　　版：北方妇女儿童出版社

发　　行：北方妇女儿童出版社

地　　址：长春市福祉大路5788号

电　　话：总编办：0431-81629600

定　　价：33.80元

序言

"江山代有才人出"，在人类历史的长河中，涌现出一大批影响世界的风云人物。他们或者是杰出的政治家，凭着超乎常人的坚强毅力为国家和民族的前途引路；或者是卓越的科学家，为探索自然奥秘、改善人类生活而不懈努力……总之，他们由于在某一方面做出了杰出的贡献，已成为历史长河中的航标，引领着人类走向更加深邃的精神世界和更加精彩的物质世界。

这套丛书不仅告诉你名人成功的事实，更重要的是展示他们奋斗的历程，展现他们在失败和挫折中所表现出的杰出品质，从中我们可以吸取一些有益的精神元素。

这套丛书具有以下几个特点：

一是人物全面。本套丛书精心选取了从古至今全世界40位具有代表性的政治家、科学家、文学家、艺术家……这些人物均在各自的领域做出了卓越的贡献，对人类历史产生了重大影响，因此被广为传颂。

二是角度新颖。本套丛书不是简单地堆砌名人的材料，而是选取他们富有代表性或趣味性的故事，以点带面，从而折射出他们波澜壮阔、充满传奇的人生和多姿多彩、各具特点的个性。

三是篇幅适当。每篇传记约10万字，保证轻松阅读。本套丛书线索清晰、语言简洁、可读性强，用作学生的课外读物十分理想，不会加重他们的负担。

四是一书多用。本丛书是一部精彩的名人故事集锦，能够极大地开阔青少年的视野，同时还可以作为中小学生的写作素材库。

培根说："用名人的事例激励孩子，胜过一切教育。"榜样的力量是无穷的，而名人是最好的榜样，向名人看齐，你将离成功更近！

人物导读

华盛顿生前拒绝人们为他歌功颂德，死后却赢得人们一致的尊敬与称誉。美国人常会拿柯立芝、布什开涮，却绝没有人幽默华盛顿、林肯，提到他们的"国父"，他们都是一脸的敬重与自豪。后人喜欢给影响世界的一百位名人排序，然而无论怎么排，华盛顿始终位居前列。他是一位罕有的、无论生前还是死后，都赢得了名副其实的"伟人"称号的元首。

华盛顿在艰苦卓绝的环境中，领导贫弱的美军顽强抗击当时世界上最强大的英军，最终赢得了独立战争。他为缔造美利坚共和国立下了汗马功劳，却绝不贪恋权位，从未将国家当做他的私人财产。他两次全票通过当选，蝉联美国的第一届、第二届总统。但他毫不犹豫地退出了第三次选举，避免了国家长期由一个人执政从而走向独裁的可能。至今，美国总统连任不得超过两届已成为不成文的惯例。他一手创立了美国政府，在任上兢兢业业，为新生美国的成长做出了卓越贡献。他为民主美国与美国民主奉献出了他的一生，是一位当之无愧的美国公仆。

他的个人道德几乎毫无瑕疵，诚实、正直、勇敢、坚强、谦逊、宽容、善良等美德都在他身上有着光辉的体现。他具有优秀的诗人气质，优雅的绅士风度。无论是在担任独立军总司令时，还是在美国总统任上，除了必要的开支外，他没有领取一分报酬。他始终向往宁静的庄园生活，然而，即使在头发斑白的晚年，当国家需要时，他都毫不迟疑地离开温馨安宁的家园，为国家奔赴前线。

CONTENTS 目录

CONTENTS

第一章

少年时代

砍樱桃树

华盛顿家族的根在英国，它的历史可以追溯（sù）到诺曼底人征服英国以后不久。1492年，哥伦布发现新大陆以后，欧洲人纷纷漂洋过海，背井离乡，冒险抵达北美洲。英国人也加入了这个行列，他们虽然起步较晚，却是后来居上，移民开始源源不断地来到新大陆。

> ◎诺曼征服战争：是11世纪中叶法国诺曼底公爵威廉同英国大封建主哈罗德为争夺英国王位进而征服英国的一场战争。这场战争既是诺曼人对外扩张的继续，也是西欧同英国之间的又一次社会大融合。它以威廉的胜利而告终，使英国的封建化过程得以完成。

那是1657年的春天，约翰·华盛顿作为船主的助手，乘船从英国来到弗吉尼亚。他在波托马克河与拉帕哈诺克河之间的威斯特摩兰县购置了土地，并同当地富有的安妮·波普小姐结了婚，成了一位拥有5000英亩土地的种植园主。

约翰·华盛顿有个孙子叫

奥古斯丁·华盛顿。奥古斯丁在前妻死后，于1731年又同一个叫玛丽的姑娘结了婚。

1732年2月22日上午10点左右，玛丽在布里奇斯庄园的老屋内，生下了她与奥古斯丁的第一个儿子，这个男孩儿就是本书的主人公乔治·华盛顿。

从这座老屋可以眺望到波托马克河沿岸许多英里以内的景色，还能看到对面马里兰的河岸。这座老屋是和庄园一起买下的，它是弗吉尼亚原始的农舍之一。屋顶坡度很大，低矮的屋檐突出在外面。屋子分为两层，第一层有4个房间，其他房间都在阁楼上。屋子两头各有一个大壁炉供取暖用，屋顶两端各有一个大烟囱。

◎壁炉：在欧美电影中，常常看到壁炉，它与中国传统的灶、炕、火坑、火炉都一样。根据造型分为美式壁炉、英式壁炉、法式壁炉等。在西方，壁炉与各种节日有着密切的关系。经济大萧条时期，美国罗斯福总统有名的炉边谈话事实上就是壁炉边谈话。

华盛顿出生不久，奥古斯丁就将家搬到了弗雷德里克斯堡对面的斯塔福德县，在那里建了一座庄园，起名叫"弗雷庄园"。华盛顿就在那儿度过了他无忧无虑的童年。

"弗雷庄园"坐落在一块高地上，高地下面有一块草地，就在拉帕哈诺克河河畔，——这就是华盛顿童年时代的家乡。

这块草地是他童年时代玩耍游戏和进行体育锻炼的场所。

对于华盛顿的童年，至今在美国流传着一个"砍樱桃树"的故事。

华盛顿
HUA SHENG DUN

　　有一天小华盛顿看见一把锋利的小斧子，玩儿得爱不释手，很想砍点什么，试试斧子锋不锋利。于是，他来到父亲的果园。

　　果园里有一棵小樱桃树，树枝不粗又不高，好像是新栽的。小华盛顿挥起小斧子，用力往树干上砍去，"咔嚓"一声，樱桃树被砍断了。

　　小华盛顿拿起斧子看了看，得意地说："好锋利的斧子！"边说边回到房里，好像打了一场胜仗似的。

　　第二天清晨，小华盛顿听到客厅里一阵喧闹，仔细听听，原来是爸爸在大声嚷嚷。小华盛顿走到客厅，见爸爸正在那里责问家人，是谁把园子里一棵樱桃树砍死了！那是他花好多钱刚从英国买回的良种！

　　小华盛顿一听，这才知道自己闯了大祸，心

里不禁紧张起来。正在这时候，爸爸发现了他，大声问："你知道这件蠢事是谁干的吗？"

看着爸爸那怒气冲冲的样子，真令人害怕，但小华盛顿犹豫了一下，还是决定向爸爸说明真相。他走到爸爸面前，抬起头看着爸爸，说："爸爸，我不会撒谎，是我用斧子砍坏了那棵樱桃树，请您惩罚我吧。"说完，就难过地低下了头。

爸爸问："你为什么砍树呀？"

"我想试试斧头到底有多锋利。"

"可是你要不说，也没人知道是你干的，你说了出来，就不怕挨打吗？"

"可是，如果为了害怕挨打而撒谎，那不是更不对吗？"

爸爸伸出双臂，紧紧地搂住儿子，激动地说："好孩子，你的诚实远远超过了这棵樱桃树一千倍的价值！"

为了奖励他，父亲就把那把锋利的斧头送给了他。

这个故事的影响很大，一直流传至今。它一直作为幼年华盛顿为人诚实的美谈而家喻户晓。

✳ 打架是最差劲的行为 ✳

华盛顿家族到奥古斯丁这一代的时候，已是维吉尼亚州数一数二的有名望的人家了，不但是当地的大地主、钢铁公司的大股东，同时，还兼营着海运与贸易事业。奥古斯丁在年纪很轻的时候，就当选为州议员。

奥古斯丁和玛丽对孩子的教育非常热心。不过，由于他

华盛顿

HUA SHENG DUN

◎传教士：是基督教会派出的四处布道、劝说人们信仰上帝的基督教徒。在欧洲历史上，他们拥有极高的地位，垄断了知识与教育。新世界被发现以后，大批传教士前往亚、非、美三大洲传教，他们带去了新鲜的西方知识。在美洲开发早期，传教士是当地不多的知识分子。

们住的地方是被原始丛林环绕着的一个新开辟的地区，所以附近一带没有学校。唯一可以接受教育的地方，只是一间孤立在田野间，用数片薄板搭成的小木屋，由教会里一位叫做荷比的传教士在那里教导学生。

荷比老师是一位长着满脸白胡须的老先生，他只有一条腿，走路时必须拄着拐杖。

"喀、喀、喀"，荷比老师手拄着拐杖，一摇一摆地走着，孩子们都称他为"拐杖老公公"。实际上，他倒是一位温和的好老师。

当孩子们淘气地抓起他的拐杖，和他开玩笑的时候，他总是假装生气地大叫："小心，如果你们太顽皮的话，就要跟老师一样，也会丢掉一条腿的。"

这位"拐杖老公公"曾经是一位战场上的英勇战士，在一次激烈的战役中，被敌人的枪弹射中右腿而致残，但这并没有磨灭他的生存欲望。

每当孩子们对于英文、数学课感到厌倦时，他总是讲些打仗的故事给他们听："……到了这个时候，一场山头争夺战就开始了。当我们这一边的士兵都插上刺刀，正要冲出去死拼的时候，轰隆一声，敌人的一颗炮弹就飞了过来！

6

'嘿！他们先动手了！'我正在这样想时，我的右腿就被这颗炮弹给轰掉了！"

"哎呀！"孩子们听到这里都发出了惊叫。

华盛顿也圆瞪着他那对碧蓝的小眼睛，出神地听着。

在荷比老师的这个"学校"里，力气最大、人人畏惧的，是一个名字叫做派赛尔的孩子。

一天，华盛顿正坐在树下看书，其他的同学就在旁边的空地上比赛摔跤。这是一种不依照规则，专靠力气大，把对方摔倒或制服的游戏。两个孩子像是一对小巨人，面对着面地站在那里。

其他的孩子在旁边看着，紧张得连呼吸也屏住了。

"干吧！"

突然，派赛尔结实的拳头，狠命地向华盛顿的左脸颊上挥了过去。这是派赛尔最得意的战术，他喜欢偷袭别人取胜。

"你怎么动手打人呢，难道你想打架不成？"

"打架就打架，只要赢了就行！"派赛尔洋洋得意地说道。

两个人喘了几口气，彼此都鼓起眼珠子，直瞪着对方。

派赛尔把脑袋用力向华盛顿顶去，砰的一声，正好撞上华盛顿的胸口。

"哎呀！"

华盛顿给撞得差点喘不过气来,双脚一浮,几乎就要倒下去了!幸而他的身手矫捷,马上又站住了。

"好!"

华盛顿愤怒得胸口都要炸裂开来!他再也不能忍耐,就狠命地冲了过去。

他伸出手,一把抓紧了派赛尔的领口,同时,又用一条腿扫了过去。

派赛尔的身体,马上横倒了下来。

"哈哈!"那些孩子们都大声欢呼起来。

"华盛顿,好好地教训他一下!"

那些吃尽了派赛尔苦头的同学,在旁边拼命地呐喊助威。

派赛尔满面通红地站了起来,马上又紧握着双手,向华盛顿猛扑过去。哪知道华盛顿很快就抓住派赛尔的两只手,把他往肩膀上一顶,啪的一声,派赛尔被摔倒在地上了!

这一下摔得实在漂亮!派赛尔躺在地上,不断地呻吟、哀号,再也站不起来了。

虽然华盛顿打赢了,但他却很难过,他对其他的同学说:"我虽然获得了胜利,但我并不感到光荣,因为,打架是最差劲的行为。"

 光荣的胜利

华盛顿10岁那年,他那同父异母的哥哥劳伦斯从外地回到家里来。他们兄弟俩的年龄虽然差了14岁,感情却很好。

"哥哥，你回来啦！"华盛顿看到这个身材高大、穿着一身漂亮军服的劳伦斯少校，心里真有说不出的尊敬。

劳伦斯16岁时到英国去留学，大学毕业后就参加了陆军。当时，正巧赶上英西战争爆发，他就加入了作战行列。在西印度群岛的激烈战争

◎英西战争：16－18世纪，英国和西班牙为争夺海上霸权和殖民地所进行的多次战争。狭义的英西战争是指1586—1604年两国间的海上战争。此处是指1726—1728年间，西班牙再次试图收回直布罗陀，同时英国舰队封锁了西印度群岛，两国间进行的一场战争。

中表现良好、屡建奇功，所以获准休假，返回故乡。

"华盛顿，你好！"

劳伦斯一看到长大了的弟弟，非常高兴，就讲了许多有趣的作战故事给他听。华盛顿屏气凝神侧耳专注地听着，那副神情，使劳伦斯对他更加喜爱。

听了这些故事以后，华盛顿在学校里，就常常和同学们做关于战争的游戏。他们分成敌我两方：皮带上挂红布的是英军，挂白布的是西班牙军，哪一队获得对方的布条最多，哪一队就赢。

他们用抽签的方式挑选主将。结果，华盛顿当选为英军的主将，西军的主将是派赛尔。

"我们要把西班牙军、杀得一个也不剩！"华盛顿说着，挥舞着他的小红旗。

于是，两军的孩子们，就开始战斗起来。

"杀——杀——冲呀！"

两军的"士兵"个个奋勇作战，他们为了要夺取敌方腰上的布条，常常互相扭成一团，有时跌在地上还难分难舍，战况非常激烈。

最后，"英军"获得胜利。

"万岁，万岁，伟大的英军万岁！"华盛顿这一军高兴得跳起来欢呼。

这时候，那个满脸不高兴的西班牙军主将派赛尔，立刻大摇大摆地走到他们面前。原来，当他被挑选为西班牙军主将的时候，心里就老大不高兴。

"喂，你们这些家伙实在狡猾！"派赛尔这样咆哮起来。

"为什么？"

"你们身上佩的都是红布，所以会打胜仗。不管是谁，只要站在英军这一边，一定会赢，这是不必说的。"

这番话说得毫无道理，不过，瞧派赛尔那副凶悍的样子，实在吓人！所以，大家都被他吓得直发愣，没有一个人敢开腔。多半晌，终于有人打破了这可怕的沉默："派赛尔，你也太下流了！"

大家一看，原来是华盛顿的好朋友密地莱德，他是个身材矮小的孩子。他本来就讨厌派赛尔的傲慢态度，现在，看见派赛尔这样欺负人，再也不能忍受。

"卑鄙下流的家伙！"密地莱德一面这样骂，一面向前跨上一步。

"不要讲了，密地莱德，算了吧。"华盛顿用力抓着他的朋友的手臂。当然，他自己心头的愤怒，也达到了极点。

"你讲什么！"派赛尔握紧拳头，狠命地向密地莱德的脸上揍了过去。

"又来了！"

本来尽量抑制着愤怒的孩子们，这时都不约而同地站在密地莱德这一边，准备和派赛尔算账。

不过，派赛尔也有拥护他的一批人，于是，双方就又展开一场混战。

"好了！大家怎么能打架？住手！"

华盛顿的喉咙快喊哑了，拼命地去把两方面的人拉开。不用说，华盛顿的心里，当然也一样痛恨着派赛尔，可是，他并不想利用这个机会来复仇。他眼看敌人的势力孤单，已经吃了亏，心里也是非常难受。

这时候，一阵"喀、喀"的脚步声传了过来，"拐杖老公公"来了！

"这还得了，竟然打起架来了！住手！"

大家回头一看，急忙向两边散开去。

"你们把学校当成什么地方了？"

荷比老师这样严厉的声音，是大家从来没听过的，个个

都低下了头。

"到底是谁闹出这场乱子来的？"荷比老师瞪着一个个灰头土脸的孩子，大声问道。

可是，始终没有一个人敢挺身出来承认。那个闯出这一场乱子来的祸首派赛尔，也只是哭丧着脸，低着头不作声。

这时，有一个孩子走到老师面前，先叫了一声：

"老师！"

大家一看，原来是华盛顿。

"是我！闯出了这场乱子来的，是我！"

"哎，华盛顿……是你吗？"

老师起先十分惊讶，接着，脸上就浮现出一丝笑容来。因为，他已经明白真相了。

"打架是不行的。"说完，荷比老师又倚着那根拐杖，"喀、喀"地走开了。

足足有两三分钟没有人说一句话，突然间，却听到了一阵啜泣的声音，竟然是派赛尔哭了！

"华盛顿，我对不起你，请你原谅我！"派赛尔一面擦着泪水和鼻涕，一面哽咽地说。

"没有什么，派赛尔，哭什么呢！"华盛顿安慰派赛尔说。

这几句话尽管很简短，却含着一种无法形容的宽容气度。

从这天起，派赛尔就变成了一个脾气很温和的孩子，即使在路边碰到小朋友，他也会满面笑容地先向人家打招呼。

华盛顿胜利了，他并不是靠武力获得胜利，而是靠着无形的精神感化力所获得的辉煌成果。

搬到大哥家

从战场上归来的劳伦斯，经过一段时间的休息调整，身心得到了恢复。所以，他那颗想继续生活在军旅生涯的心又萌（méng）动了起来，他打算到英国去，回到他那个团里，争取在军队里干一番事业，以期能飞黄腾达。可恰恰就在这时，时运改变了他的计划，彻底地打消了劳伦斯重返军队的愿望。

原来他在去朋友家拜访时，认识了一个姑娘，那姑娘天生丽质，举止文雅且极有文化修养。她是费尔法克斯县威廉·费尔法克斯先生的长女，名叫安妮。她家是英国贵族，她父亲是勋爵。

劳伦斯与安妮一见钟情，他们很快就双双坠入情网。当劳伦斯向安妮求婚时，安妮毫不犹豫地应允了。而后，两人就订了婚。

劳伦斯与安妮订亲后，就着手购买婚礼所需的物品，婚礼服装、家具、生活用品等，两人都一一采购完毕。

可他们的婚期因为劳伦斯的父亲奥古斯丁的突然去世而耽搁了下来。

父亲突然得了急

◎求婚：和中国人讲究父母之命、媒妁之言，讲究相亲、说媒、纳聘不同。在西方，如果男子喜欢上了某位姑娘，就会单膝跪地，持鲜花，拿戒指，恳求姑娘嫁给他。如果姑娘同意，就会收下戒指。鲜花可以没有，戒指却不能没有。

病，肚子疼痛不止，而且越来越重。巨痛折磨得他满地打滚，请来的医生百般医治也不见效果，没多久父亲就去世了。

那是1743年4月12日。父亲年仅49岁，而华盛顿刚刚11岁。

奥古斯丁是一个度量宽大、身强力壮的人。在他开设的亚安工厂里，两个人也抬不动的东西，他一个人就有本领装上车去。

他常常对华盛顿说："我在一生中，从来不曾因为一时的气愤而打过人，这是我要感谢上帝的。要是我去打人的话，像我这样大的力气，一定会把人打死的！果真这样，在我身体中循环着的那种可诅咒的血液，一定会使我苦恼得神魂不安。"

父亲的去世，在华盛顿的心里是终生不能忘怀的悲痛！

"我也要表现得和爸爸同样杰出。"他暗暗地发誓。

奥古斯丁立有遗嘱，他把家庭的财产都分给了他的子女。大儿子劳伦斯分得了波托马克河两岸的庄园、别的不动产和铁厂的若干股份；二儿子分得威斯特摩兰的老家屋和庄园；华盛顿成年后可获得拉帕哈诺克河畔的房产和土地。由于华盛顿和五个弟妹们年纪太小，所以，财产由他们的母亲代为管理，等到他们成年后再归还给他们。

父亲如此年轻就离去了，这对华盛顿的母亲来说是个无比沉痛的打击。望着尚未长大的孩子，玛丽心酸极了，这群孩子小小年纪就没有了父亲，从此再也享受不到父爱了，真是太可怜了。而玛丽也感到自己身上的担子是那么重，她不仅要做个好母亲，而且还要做一个好父亲，她要担当起双重的重任。

丈夫奥古斯丁·华盛顿临终时久久不能合眼，他紧紧地拉着玛丽的手，一再说："玛丽，我实在是放心不下呀。孩子们都那么小，我走后就全靠你一个人来拉扯他们了，这太难为你了。我不想离开你们，但上帝已向我招手，我马上就要随他而去了。玛丽，我走后，你一定要把孩子们照看好，我会在天堂里为你祈祷，我……"

奥古斯丁带着满腹的遗憾离去了，他紧拉着玛丽的右手，渐渐地松下来，最后无力地垂了下去。他的呼吸已经终止，心跳也已平息，可他那双大大的眼睛，却始终闭不上，还直瞪瞪地望着妻子玛丽。

玛丽知道丈夫是放心不下那几个年幼的孩子，所以，她用手去为丈夫合上双眼，并对他说："请你放心地走吧，我会把咱们的孩子抚养成人的，不管遇到多大的困难，都不会难倒我的。"

母亲玛丽没有辜负这一重托，她勇敢地挑起了家庭的重担。她深明事理，办事认真，对往来账目、财产收入都一笔一笔地记得清清楚楚；为人处事、待人接物又是落落大方，极有分寸；对孩子们管教甚严，又十分爱护体贴。因此她博得了孩子们的爱戴。

母亲对孩子们给予了博大的爱，使他们每个人都健康地成长。华盛顿是玛丽的长子，从小就非常懂事，因此，玛丽也最喜欢他。虽然她很偏爱华盛顿，但从不让华盛顿搞特殊，不管是吃的、穿的、用的，与其他弟弟妹妹绝对一样。

母亲各个方面都很优秀，但唯独脾气特别急躁，玛丽还有一种不言自威的气派，她一言不发，只是两眼盯着你看，

就会让人感到害怕。

华盛顿的急躁脾气和威严气派就是从母亲玛丽那儿继承来的。母亲早年的教诲（huì）也让华盛顿懂得了，必须学会控制自己，为人办事要讲公道，要平等待人，谦虚和善。

华盛顿的个子随着年龄的增长，就像竹子拔节般地不断蹿高，他的个子是全班最高的。为了增强体质，他经常参加各种各样的体育活动。如拳击、跳高、跑步、游泳、投标枪、击剑等。

华盛顿降生时就比一般孩子个头大，还在襁（qiǎng）褓（bǎo）里时就又胖又壮，两只小脚又蹬又踹的，十分有力。在学校举行的比体力等各种形式的竞赛中，他都胜过了大多数同学，成绩总是第一、第二。

因他诚实正直、办事公道，为人又热情，所以受到了同学们的拥护。他被大家公选为学生"领袖"。小时候，他是军事"首领"，而现在他又是学生"领袖"了。有一句俗话说得好，"从小看到大，三岁看到老"。华盛顿从小就显露出了要担当大任的才华。

1743年7月，劳伦斯和费尔法克斯小姐举行了婚礼。

此时的劳伦斯已经完全放弃了到国外服兵役的念头。美丽的妻子使劳伦斯如此迷恋，他甚至一刻钟都不愿与她分开，他要与爱妻长相厮守，享受爱情的甜蜜。

劳伦斯结婚后在波托马克河岸边的庄园定居下来。为了纪念他的上级——英国海军上将弗农，劳伦斯索性将庄园改名为芒特弗农（即弗农山庄）。

劳伦斯虽然结了婚，但他仍然十分挂念小华盛顿，他对这个小弟弟给予了真正"慈父般"的关怀。他经常把华盛顿接到弗农山庄来，把华盛顿当做客人款待。

大哥劳伦斯现在已经成了当地非常有名望的人物。他是市民院的议员，政府每月按时发给他一些薪金。

◎议员：议会制度在西方有悠久的历史，议会的成员就是议员。他们或由选举产生，或因为特殊身份而得到任命。他们对立法、行政拥有很大的权力。

为减轻继母玛丽的负担和更好地督促华盛顿的学业，劳伦斯就把华盛顿接到了自己的家里。

1747年秋，劳伦斯正式把华盛顿接到了弗农山庄，从此就与自己这个最最喜欢的小弟弟生活在一起了。

编写行为准则

弗农山庄的生活对华盛顿一生的发展产生了巨大的影响。就连他自己也万万没有想到，后来弗农山庄竟成了他的最后住所和归宿地。

搬到弗农山庄的华盛顿心里别提多高兴了，能与自己的大哥生活在一起，那是他从小就十分盼望的，现在梦想成真了，能不让这位少年兴奋吗？他整天与哥哥形影不离，哥哥也是无论去哪儿都要带上他。因此，华盛顿也经常和哥哥的岳父威廉·弗尔法克斯先生一家人来往，而且过从甚密。

对华盛顿一生有巨大影响的，就是与费尔法克斯家族的

结交。

威廉·费尔法克斯出身于约克郡的一个名门望族，他受过高等教育、具有优秀品质。他阅历很广，有过各种各样的冒险经验。他服过兵役，参加过在西印度群岛的战役，功勋卓著。

◎西印度群岛：1492年，哥伦布第一次横渡大西洋，航行到巴哈马群岛、海地岛和古巴岛，误以为是印度附近的岛屿，后人因其位于西半球，故称西印度群岛。

几年前，威廉·费尔法克斯来到了弗吉尼亚并住了下来，是为了替他的堂兄管理在此的大片庄园。

威廉·费尔法克斯一家住在贝尔沃，他的举止是一副典型的英国乡村绅士气派。他有多个儿女，孩子个个都聪明伶俐、文雅而有教养。

◎绅士：源于17世纪中叶的西欧，由充满侠气与英雄气概的"骑士"发展而来，后在英国盛行并发展到极至。绅士风度既是英国民族文化的外化，又是英国社会各阶层向上流社会看齐过程中，以贵族精神为基础，掺杂了各阶层某些价值观念融和而成的一种全新的社会文化。

在这个家庭里，殖民地农村的俭朴生活和欧洲的幽雅生活融合在了一起。由于同这样一个家庭进行的亲密交往，使华盛顿这个有些粗野的青年的性格和风度，受到了一定的影响。

他觉得任何一个有知识的人都应该像费尔法克斯一家那样文质彬（bīn）彬，大方得体，这才是一个体面人应该具有的良好风度。他一点一点地改变自己，暗中默默地向费尔

法克斯一家学习。他还把一些行为规范抄写下来。

正是由于同这些人来往，华盛顿希望自己在人们中间也显得温文尔雅、也能变得斯文而有教养，所以，他着手编写了一种品德礼节的规则，并按此去做。

他亲笔书写的这部规则的手稿至今犹在。

这本小册子就叫《待人接物行为准则》。这部规则极其周密详尽，一些非常琐细的小事都一一想到了，如在与朋友交往中，做每个动作都要对面前的伙伴表示尊重；在别人面前不要吹口哨，也不要用脚打拍子；不要探听别人的私

◎《待人接物行为准则》：美国独立战争的另一位英雄，《独立宣言》起草者之一——富兰克林，早年也为自己制定了类似的行为准则，叫"十三条成功计划"。内容包括节制、沉默寡言、不作无益闲聊等。

事；应当回避别人的私下谈话，不要在饭桌上用桌布擦牙；不要幸灾乐祸，即使对你的仇敌也不应如此；不要在背后说别人的坏话，因为这是不公道的……全书这样的格言共有110条。

从华盛顿编写的格言中可以看出，他对道德修养的重视，也可看出他严于律己的精神。

由于受到费尔法克斯家的潜移默化的影响，使华盛顿变得讲究礼仪、举止得体，并且具有很强的道德观念。以至他当了总统后，人们都为他的优雅的风度所倾倒。正因为这样，华盛顿才能成为一个道德高尚、为人正直的政治家。美国作家曾称华盛顿为开国元勋中"最少人类疵点，是几近完美无缺的人"。

❋ 心底的暗恋 ❋

乔治·华盛顿又继续学习了将近两年，他偏爱数学，其他科目成绩都是一般，唯有数学，每次考试都是名列前茅。这对他日后担任军政职务是非常有利的。按照美国当时的情况，最重要的学科之一是土地测量。在哥哥劳伦斯的亲自安排下，华盛顿专门学习了这门技术，这可是当时的北美殖民地最重要和最实用的学科。他非常珍惜这一机会，努力刻苦钻研，并较好地掌握了这一学科的知识。

在掌握了书本上的理论知识外，他又进行了实地测量，以求理论与实践的相结合。他运用最先进的土地测量方法，对周围的土地进行了实地测量，并把测量的结果，定期记入田亩登记簿中，并且绘制了图表。登记簿既整洁又准确，就像是正式的土地交易文件，而不仅仅是学校的作业一样。

从这儿可以看出，从早年开始，华盛顿不管办什么事情都做得干净利落而又坚持始终。他从来不半途而废，也从来不马马虎虎，敷衍（yǎn）了事。不管遇到多么艰难危险的环境，不管面对多么复杂的任务，也不管他多么烦心和如何郁闷忧伤，他都能找到最好的方法，办完一切应当办的事情，而且完成得非常好。他终生都保持着这样的工作态度和工作作风。

这一年，华盛顿已长成了小伙子，虽然才刚刚16岁，但却长得人高马大，体格健壮、膀大腰圆，看上去比实际年龄要大许多，很有男子汉的气概。

华盛顿早年的自我体能训练，使他获得了强壮的体魄。他为自已制订的行为准则，又使得他的举止文雅大方、彬彬有礼。所以，尽管华盛顿刚刚16岁，但他已绝不像少年了，别人也不再把他当少年来看待了。

此时的华盛顿情窦初开，暗暗地喜欢上了威斯特摩兰县的格兰姆斯小姐，她年轻貌美，人称"低地美人"。可华盛顿非常腼（miǎn）腆（tiǎn），他把一腔的爱慕之情都压在了心底，一直没能说出口，或许是年纪太轻的缘故吧，他怎么也鼓不起勇气，去向心爱的姑娘表达，为此精神上遭受了巨大的痛苦。

过了一段时间，他随哥哥去贝尔沃的费尔法克斯爵士家做客，认识了三位年轻人，他们是爵士的侄子乔治、乔治的新婚妻子萨利和她的妹妹凯丽。

凯丽小姐长得非常迷人，明亮的大眼睛、长长的睫毛、白皙的皮肤、金黄色的披肩卷发、高挑的身材；说话温柔、举止优雅。华盛顿经常往贝尔沃跑，为的是能经常看到

萨利姐俩儿。他与萨利、凯丽姐妹俩相处得十分愉快，他们经常在一起聊天，而萨利姐妹俩也十分喜欢这个朝气蓬勃、英俊魁梧的年轻人。

华盛顿与萨利姐妹无话不谈，包括自己暗恋"低地美人"的秘密。这些事说出来总比憋在心里好，减轻了他的苦恼和沮丧。

不管华盛顿在贝尔沃同女性交往怎样减轻了他的烦恼，这位青年发现，更能有效地医治他单相思痛苦的，是同费尔法克斯勋爵的交往。

◎打猎：对猎人而言，打猎时为了获取食物，求得生存。但是对上层社会而言却并非如此。在清朝，满洲贵族流行"围猎"，除了娱乐，本质上是一种练兵。但在西方上层社会，打猎纯粹是一种娱乐。

勋爵非常喜欢打猎，而且最爱猎狐，并且还按照他们英国的风气，养着一群马匹和猎犬。勋爵发现华盛顿有时闷闷不乐，他以为华盛顿是太寂寞了，就拉他一起去森林里打狐狸。勋爵对华盛顿说："乔治，别总那么不开心，陪我去猎狐吧。我敢打赌，当你在树林中飞马奔驰的时候，你会忘掉所有的不愉快。"

弗吉尼亚这一带是不缺少猎物的，但是打猎是需要勇敢和娴熟的骑术的。通过猎狐，勋爵发现华盛顿的骑术很好，而且和自己一样勇敢，一样拼命地跟随猎犬前进。

见华盛顿年纪虽小但却如此勇敢，老勋爵非常高兴，对华盛顿十分宠爱，把他当做自己最好的猎伴。

正是在这位喜欢骑马狂奔的老贵族的教导下，华盛顿才培养起跟踪追击的爱好，并在以后，以善于追击而闻名于世。

　　后来，在华盛顿退隐田园后，还经常带一伙人去猎狐。

土地测量员

　　华盛顿不但与费尔法克斯勋爵在猎狐过程中建立起了友谊，而且费尔法克斯对华盛顿的后来还产生了更重要的作用。

　　费尔法克斯勋爵是英国的名门望族，因为他功勋卓著，所以，英王把美洲的许多土地都赐给了他。其中在蓝岭西边有大片的土地还没有勘察丈量，最近听说，不断有非法的移民，也就是强占者，闯到那里，在最好的溪流和最肥沃的河谷地带非法开垦，实际上占领了这片土地。这令费尔法克斯勋爵非常担心。

　　费尔法克斯勋爵迫切希望有人对这些土地进行考察和测量，然后登记在册，以便把那些非法闯入者赶走，或者迫使他们接受合理的条件。可是以前一直找不到合适的人选。

　　现在，他想到了华盛顿。别看华盛顿才16岁，可费尔法克斯看过他的测量记录本，丝毫不比正式的测量员差，可以说，华盛顿已经是个合格的土地测量员了。而且、勋爵在与华盛顿的交往中发现，华盛顿是一个精明强干、英勇果断、意志坚强的年轻人。

　　到西部去测量，距离既遥远，道路又不好走，所以就需要一个各方面素质都要好的人去才行。勋爵认为华盛顿很适

于应付那片有待测量的荒野和那片荒野上的野蛮的居民。当勋爵把这个意思跟华盛顿说了以后、华盛顿很高兴。因为他一直希望能有机会让自己的知识派上用场。今天机会来了、而且勋爵又是那样的器重华盛顿，他能不高兴吗！他毫不犹豫地说："勋爵、请您放心、我一定会圆满完成任务的、绝不会令您失望。"

华盛顿非常珍惜这个机会。

1748年3月、华盛顿就在乔治·威廉·费尔法克斯的陪同下，骑马外出勘探。他们一行共五个人。

这一次远行勘察，成了乔治·华盛顿独立生活的起点。他们要去的地方在弗吉尼亚的大河谷。河谷的一边是蓝岭，另一边是阿勒格尼山的支脉北山，谢南多尔河从中穿流而过。

◎黑奴：世界地理大发现后，随着资本主义的兴起，缺乏大量劳动力，于是欧洲人纷纷前往非洲贩卖黑人，即黑奴。这就是人类史上罪恶的黑奴贸易。

他们要去的第一站，是费尔法克斯勋爵的管家（土地经营人）和耕种土地的黑奴在旷野中的住所、华盛顿把它称之为"勋爵的住所"。

这个住所离谢南多尔河不远、离现今的温切斯特城所在地约12英里远。

这儿的景色非常优美，气候宜人。华盛顿被这儿的美景深深地吸引了。他曾在当时的日记中谈到这一带的树木多么美、土地多么肥沃、还谈到他在谢南多尔河岸上穿过壮观的糖槭（qì）树灌木丛骑马漫游的情况。这一地区至今仍然有大片的森林，可以证明他的这番赞美是确有道理的。

后来，华盛顿根据实地考察写了报告，他建议费尔法克斯勋爵应该在这风光旖（yǐ）旎（nǐ）的土地上建立庄园。勋爵采纳了华盛顿的建议，几年后，勋爵果然在那里大兴土木，营建了一个"绿路庄园"，并常住这里。

离开了这里，他们又北行20英里，正式开始测量土地。

乔治·华盛顿他们这一天来到了谢南多尔河和波托马克河上游不远的地方，从河谷底部开始测量。测量的范围沿着谢多南尔河河道延伸数英里。

由于土地十分湿润，所以测量起来也相当容易。到处都有非法垦荒者和吃苦耐劳的先驱者们开辟的小块土地。他们用原始的耕作方法种植了大量的谷物、大麻和烟草。

◎大麻：在我国俗称"火麻"，为一年生草本植物，雌雄异株，原产于亚洲中部，现遍及全球，有野生、有栽培。大麻的茎、秆可制成纤维，籽可榨油。作为毒品的大麻主要是指矮小、多分枝的印度大麻。

他们五个人从早上忙到晚上，等来到宿营地时，骨头都快累散架了。他们是在一位垦荒者——梅特上尉的家里过的夜。

晚饭后，大多数人都按照森林居民的习惯，围着篝火躺下来，华盛顿被让到了卧室里。床上仅有一张草垫子和一条破毛毯。看着露天地里围着篝火躺着的人们，华盛顿觉得自己实属优待，再也压不住困意，便脱衣睡去。然而刚合上眼的他，就被一阵周身难忍的奇痒弄醒了，原来是臭虫们在作怪。他辗转反侧再也睡不着，只好又穿上了衣服，重新回到篝火边同伴那里。这小小的苦头，是华盛顿有生以来第一次遇到的。此后，他在行军打仗中，经常露宿树林里，他也从没抱怨过，因为，自己早就有这方面的经历了。

由于此时是春天，春雨绵绵，致使波托马克河水暴涨，道路又极其泥泞，这给乔治·华盛顿他们的测量工作带来许多困难，他们只好接连几日待在垦荒者的小屋里，等着河水退去，风雨停止。由于河水不退，他们就找到了一只独木舟，渡河到马里兰境内的彼岸，让马匹涉水而过。他们又在连绵不断的大雨中，在最糟糕的道路上，一连走了40英里，由于狂风暴雨，他们又耽搁了几天。

然后他们又来到了帕特森渡口，像以前一样乘小舟重新渡河。到这时，他们已经在弗雷德里县的荒凉山区和波托马克河南岸度过了两个多星期。

测量土地，划分地亩，大家很多时间都是在野外露宿，并且常常靠猎取野火鸡和其他禽类充饥。每个人都自任厨师，轮流做饭。树枝就是烤肉铁叉，小木片就是盘子，生活过得十分艰辛。

在野外遇到刮风下雨是常事。有一次，他们的帐篷被风刮翻了；还有一次，烟气把他们从帐篷里赶了出来。有时，他们在雨中被淋得像落汤鸡；有时，又差一点被火烧死——

那次是华盛顿所睡的草席着了火，幸亏被一位同伴发现并及时叫醒了他，才免于皮肉烧伤之苦。

在测量土地的路途中，华盛顿还对那些贫苦的农民进行了走访，了解了他们的不幸遭遇和窘迫的处境。这些见闻使华盛顿学到了很多书本上没有的知识。

华盛顿第一次测量土地的活动于4月13日完成了。整整一个月的野外生活使他获益匪浅，他出色地完成了这一任务。回到弗农山庄后，华盛顿立即着手写了一份测量报告，勋爵对这份报告很满意。这更加激励华盛顿迈向更高的目标，他渴望成为一名正式的土地测量员。

大概是靠了费尔法克斯勋爵的大力推荐，华盛顿终于如愿以偿。1749年夏天，他兴冲冲地赶往当时弗吉尼亚首府威廉斯堡参加批准仪式。自此以后，他正式成了一名经政府批准的卡尔佩普县的土地测量员。

这样一来，他的测量记录就有了权威，并可列入本县各机构的档案。

直到今天，他的测量记录仍保存在当地的档案馆中。人们发现，华盛顿的测量记录总是十分准确，一直在发挥着价值。

三年以后，华盛顿已经以精湛的测量技术而享誉弗吉尼亚了。

由于需要测量的地面广袤，而政府测量人数又十分有限，这份工作给他带来了十分丰厚的报酬。他用自己的积蓄买了许多肥沃的土地。因此，当他20岁时就已经拥有一千四百多英亩的土地了，土地测量工作使华盛顿对西部地区非常熟悉，所以，他晚年在西部购置了大量的肥沃土地，

至今那些土地仍掌握在华盛顿家族成员手中。

由于每次测量土地都要在蓝岭那边待上几个月，因此，他经常住在绿路庄园。

在这里，如碰上狩猎季节，华盛顿就有充分机会尽情驰骋狩猎，而且还是陪着勋爵追猎。因为勋爵见多识广、多才多艺，文学趣味高雅、过去同欧洲上流社会和欧洲最杰出的作家都有过来往，所以，对华盛顿来说，费尔法克斯勋爵的谈话是充满了趣味和教益的。

华盛顿还把很多书籍带到荒原中来。他在这里小住期间，一直在孜孜不倦地阅读英国的历史和《旁观者》杂志上的文章。

可是，华盛顿却没有意识到，这几年艰辛的野外测量生活使他不仅练就了一副强壮的体格，而且还开阔了眼界，磨炼了意志。通过与普通百姓的接触，还培养了他对西部土地的强烈感情，这对他的爱国情感的培育和形成，对他今后的人生旅途产生了重大的影响。

当华盛顿在深山老林中进行土地测量的时候，一项开拓殖民地的宏伟计划，已经在紧锣密鼓声中开始了。这项计划注定要把他吸收到艰苦的事业中来，并且在一定程度上，决定了他未来的命运进程。

第二章

英勇的青年

✹ 19岁的少校 ✹

英国和法国在美洲大陆都有他们的殖民地。英国的殖民地主要在美洲大陆的东海岸，并且发展到了阿勒格尼山脉，

◎殖民地：是指由宗主国统治，没有政治、经济、军事和外交方面的独立权利，完全受宗主国控制的地区。第二次世界大战后，世界上大多数殖民地获得独立，旧的世界殖民体系不复存在。

而且还有向西发展的趋势。而法国在美洲的殖民地是北边，有加拿大的魁北克，南边有密西西比河口，这两处是法国在美洲的根据地。法国也想依据这两块根据地向外扩张，以北边的魁北克逐渐向南扩张，而南边从密西西比河口可以溯流北上。这两处的交接地方叫俄亥俄。

如果把俄亥俄控制在自己手里，那它就会成为法国殖民地的南北联络中心；而英国的殖民地如果向西发展，到了俄亥俄这里，就要被它挡住了，所以，俄亥俄流域就成了英、法两国争夺的重要经济贸易重地。

两国的根据都是那样的不充分，但是两国又都决心坚持到底，其结果是，引起了一系列的战争。最后，英国失去了它在美洲的很大的一部分领地，法国则失去了它在美洲的全部领地。

当时，在那个地方还没有一个白人移民区。弗吉尼亚和马里兰的最有事业心的人士，现在都想在这个令人垂涎的

地区取得一块立足之地。其中就有劳伦斯和奥古斯丁·华盛顿，他们和伦敦一个富商约翰·汉伯里共同制定了一项计划，要求英国政府授予他们一片土地，以便在阿勒格尼山那边建立居民区或殖民地。

英国政府对这项计划欣然予以赞助，为的是抢在法国人的蚕食前面，迅速地、悄悄地占领广阔的俄亥俄河流域。

劳伦斯抓住了这个机会，成立了俄亥俄公司。

为了应付不测的战争风云，英、法双方都开始了一些战争部署，如建立防御工事，安置巡逻哨兵等。

弗吉尼亚的总督丁威迪还决定将整个弗吉尼亚划分成若干个军区，每个军区设有一名少校副官，每年薪金是150英镑。他们的职责是负责组织和装备民兵。

华盛顿听说弗吉尼亚一个团的副官位置空缺，他很高兴，很想得到这个位置。因为，当一名军官是他从小就有的理想。而且他的哥哥劳伦斯也希望弟弟将来能在军事上有所成就，成为一名杰出的将领。

于是，劳伦斯·华盛顿出面，设法为自己的弟弟乔治·华盛顿谋得了这个位置。虽然当时华盛顿才19岁，可当劳伦斯一向军方推荐，军方马上就同意，并授予华盛顿少校军衔。这说明华盛顿是以自己的品行端正、办事老练而赢得了人们的信任。

劳伦斯此时身体非常不好，几天前，他就因为身体欠佳去了百慕大岛疗养。本来劳伦斯的身体是非常健康的，可是服兵役时，在西印度群岛作战时得了结核病，一直没有治愈，后来越来越重了，去百慕大岛疗养，也没能使他身体康复。

1752年夏，劳伦斯又患了严重的肺病。医生建议他去疗养。所以，他带着心爱的弟弟华盛顿到西印度群岛过冬。

华盛顿和哥哥先在巴巴多斯岛住了一段时间。在那里，华盛顿不幸得了天花，病好后落了一脸不太明显的麻子。

◎天花：一种急性传染病。症状为先发高热，全身起红色丘疹，继而变成疱疹，最后成脓疱。十天左右结痂，痂脱后留有疤痕，俗称"麻子"。每4名病人当中便有1人死亡，而剩余的3人却要留下丑陋的痘痕天花，这几乎是自有人类历史以来就存在的可怕疾病。

1752年7月26日，时年才34岁的劳伦斯去世了。华盛顿这一生最尊敬、最崇拜的人就是自己的哥哥劳伦斯。所以，劳伦斯的去世对华盛顿是个沉重的打击。还没等自己长大呢，哥哥就死了，这令华盛顿悲痛不已。

这年，华盛顿继承了劳伦斯在波托马克河的财产——弗农山庄。同时，他也继承了劳伦斯对军队和戎装的热爱。

华盛顿是一位天生的军人。他身高六尺三英寸（约合1.9米）、外貌庄严、体格健壮、沉默寡言，充满了魅力。戴夫帕尔默将军（西点军校前任校长）曾说："只要他一进屋，整个屋子将会变得鸦雀无声。每个见过他以及用各种方式写过他的人都谈到过华盛顿身上的人格魅力。"

华盛顿内心深藏着冒险的强烈愿望，职业使他得到了部分满足，因为测量能够使他有机会深入弗吉尼亚西部荒芜的土地。然而对一位年轻人而言，最大的冒险莫过于战争。英法两国的争夺，为他在军界的腾飞提供了巨大的契机。

冒险出使

如果说土地测量员是华盛顿独立生活的开端，那么，民团副官则是他军事生涯的起点。

1749年，法国的加拿大总督派人到俄亥俄河的河谷再次重申法国对该地区的主权。

1753年春天，1500名法国士兵在伊利湖南岸登陆，在那里修筑军事据点和通道，还同当地的印第安人部落建立关系，以共同对付英国人。面对如此紧迫的形势，丁威迪总督坐立不安。如果任由法军发展下去，那俄亥俄地区的万顷良田就会被夺走了。丁威迪总督决定派个使者去向法军提出书面交涉。

◎印第安人：是拉丁美洲最早的居民。他们之所以被称为"印第安人"，主要是因为当年哥伦布等探险者，以为他们到达的"新陆地"是印度，称当地居民为"印第安"人。是除因纽特人外的所有美洲土著居民的总称。

单是从威廉斯堡到伊利湖地区的法军据点就有100英里远，而且沿途还有印第安人的骚扰，所以接连有两名英国军官，都半途无功而返。这是一次穿越人迹罕至地区的危险征程。

此时的丁威迪总督正迫切希望能物色到一名合适的人担当此重任。此时，华盛顿听说法军已抵达伊利湖地区的消息，大吃一惊。后听说丁威迪正欲派人去往军事据点抗议。

他认为尽一名军人职责的机会到了。

1753年10月26日，华盛顿匆匆赶到弗吉尼亚首府威廉斯堡。华盛顿向丁威迪总督毛遂自荐去法军据点。

他坚定地说："总督先生，我认为应向法方提出抗议，事不宜迟。我作为一个弗吉尼亚人，忠诚的英国臣民，愿意担当此任。"

丁威迪总督见华盛顿身材高大，体格健壮，勇敢刚毅，对他非常信任。于是，就把这个艰巨的任务交给了他。华盛顿邀请他原来的击剑老师雅各布·范·布拉姆陪他一起去，充当翻译。随行的还有一位叫基士德的，有着丰富的探险经验。

华盛顿一行人在1753年10月30日离开了威廉斯堡，踏上了北上俄亥俄的艰难历程。

正是初冬时分，风雪交加，道路崎岖，行程异常艰辛。刺骨的寒风夹带着雪，无情地抽打着他们，每前进一步，都要付出巨大的体力和意志。

他们顶着寒风缓缓北行，终于在11月下旬到达了阿勒格尼河畔。华盛顿仔细观察了那里的地势，他认为这是法军南下的必经之地，英军应该在此建立军事据点，以遏制法军南下。后来的事实证明了华盛顿战略眼光的正确性。

11月24日，他们冒着狂风雨雪，克服重重困难，来到洛格斯顿。这里住着一位印第安人部落的首领亚王。华盛顿意

识到在英、法争端中，争取印第安人是至关重要的。为此，他于次日特地访问了亚王。

这天上午，有4个法国逃兵来到这个村庄，他们所在的连队100人正从新奥尔良出发，乘坐8只载满粮食的小船向前推进。在华盛顿的追问下，他们谈到了法国在新奥尔良的兵力、密西西比河岸和沃巴什河河口碉堡的情况。法国人就靠这些碉堡同大湖区保持联系。华盛顿把这一切情报都仔细地记录了下来。

第二天上午9点钟，酋长们聚集在会议厅开会。会上，华盛顿提醒酋长们，法军入侵俄亥俄地区，无论是印第安人还是英国人，都会受到损害。接着，华盛顿对他们说，他们的兄弟弗吉尼亚总督特派他来向法国指挥官递交一封重要信

◎酋长：是一个部落的首领。酋长制度在撒哈拉沙漠以南的非洲广大地区比较普遍，酋长制度最初是从原始的氏族制度发展演变而来的。

历史上，非洲的酋长被视为"天然的统治者"，他们的政治地位和经济特权是神圣不可侵犯的。一个地区或一个部落的酋长，如同一个小国王一样，拥有政治、经济、军事、文化等方面的绝对权威，酋长的话就是"圣旨"，只能照办，不能违抗。

非洲国家获得民族独立后，为了安定局势和稳定政权，大多数国家对酋长制采取了既限制改造又尽量利用的政策，以保证政府的方针政策能够在酋长势力强大的广大乡村地区得以贯彻执行。总之，随着社会的进步和发展，酋长和政府之间建立起了相互合作的新关系，古老的酋长制度正在发生着引人注目的变化。

件。因此，为了抗议法国人的行动，他希望印第安人能为他提供"最好的和最近的"行军路线，以防范拿起战斧"站在法国方面的印第安人"的袭击。

最后，华盛顿拿出一串贝壳数珠和一卷烟草送给亚王。希望能得到他们的帮助。贝壳数珠是印第安人外交中不可缺少的礼物。

首长们一言不发地静坐了一会儿，好像是在琢磨他的讲话，又好像是要再给他一次阐述的机会。接着，亚王站起来，代表各部族发言。他向华盛顿保证说，他们认为英国人和他们是兄弟，是一家人；他们打算把法国人以前送给他们的贝壳数珠还给法国人。在印第安人的外交中，这就是断绝一切交往的象征。

为了支持华盛顿的行动，亚王向他提供了有关法国人的军事情报，而且还派出部落要人和猎手护送华盛顿去法军据点维纳吉。

在印第安人的大力帮助下，华盛顿一行来到了维纳吉并会见了那里的法国军官。

法国人同意护送他们去法军司令部所在地——柏夫堡。

这一段路太难走了，铺天盖地的大风雪几乎使他们寸步难行，但他们毫不退缩继续前进……

12月11日傍晚，华盛顿一行人终于到达柏夫堡的法军司令部。片刻后，几名法军军官驾着小舟向他们驶来，将华盛顿一行接入堡内。

次日上午，华盛顿郑重地向法方递交了丁威迪总督的信件。但是因法军总指挥外出未归，华盛顿不能立即得到答复。

于是，华盛顿利用这个机会，积极刺探法方军事情报，详细了解柏夫堡的虚实。几天后，法军总指挥回来了，并正式会见了华盛顿。这位总指挥官态度十分傲慢地说："华盛顿先生，请你转告丁戚迪先生，俄亥俄地区属法国主权，英国人无权在此经商。他的信件我已转呈上级。"说完，也不等华盛顿开口就示意华盛顿告退，只是请他把法方的回信带给丁戚迪总督。

华盛顿只得退出会客室，离开法军据点。

艰难脱险

华盛顿虽然胜利抵达了法军据点，递交了抗议书，但是却未能改变法方的立场。他无可奈何，只好踏上归途。

华盛顿原本以为可以顺利地返回威廉斯堡复命，然而归途中，遇到的尽是风雪交加、寒冷刺骨的恶劣天气，比来的时候更艰难。

佛伦基河的水涨得更高了，浊浪翻腾。那艘脆弱的独木舟几次撞上山岩，船底被撞坏，眼看船要沉了，华盛顿告诉大家说："没有办法，赶紧跳下水去！"

大家纷纷跳下水去，用绳子绑住船，然后用力拖着船往岸边游，花了半个小时才渡过河。

接着，他们来到另一条河，整条河面给冰块阻塞不通，于是他们只好把独木舟背在背上，艰苦地走了半公里的地峡。

不幸的是，当他们刚到达贝南口的时候，护送他们的印

第安人白雷因受伤而病倒了！病情严重到寸步难行的地步。

　　"实在抱歉！我不能送你了。从这里前去，沿路的印第安人十有八九是靠不住的，所以，一路得特别小心！要是有我，那就不用担心。可是……"

　　白雷伸出颤抖着的手，和华盛顿握别。

　　华盛顿率领着全队人马，从贝南口出发。那些背上驮满帐幕、行李、食粮的马，都累得几乎就要倒下去的样子。

　　看着这些疲惫不堪的马，华盛顿从坐骑上跳了下来，徒步前进。同时，把驮马身上驮着的东西，分一部分到坐骑背上去，另外也命令部属们这样做。

　　天气是越来越冷。

　　整整三天，那些马都拖着疲乏不堪的腿，始终在摇来晃去不稳定的步伐中前进。

　　"布拉姆。"华盛顿回过头来，对他的剑术教师说，"我想早点回去报告总督才好。所以，我想抄近路走，穿过这座森林先回去。这驮马队的指挥，就得麻烦你来负责了。"

华盛顿说完，把法军司令官的回信和食粮，放在包裹里，往肩上一扛，再取过一支短枪，独自一个人前进了。

基士德看他孤身一人，很不放心，随后也赶了过来，与他同行。

到了晚上，两个人就燃起火来，在火边露宿。

有一天，他们到达一个叫做"杀人镇"的印第安部落。当地印第安人好像早就知道华盛顿会来似的，等在那里，并且很热心地招待他们。

这情形真使华盛顿莫名其妙。

而且，过来跟他们交谈的那个人的相貌，好像曾经在约翰凯尔上尉那边看到过似的，所以，华盛顿就觉得非特别小心不可。

"你怎样走来的……几时从贝南口出发的？"那个印第安人一直追问他们的行程。

"路不好走，所以走得相当久。"

"马怎样了？大约什么时候可以赶到这里？"

"这，恐怕还得等几天。"因为那个人不断地寻根问底，华盛顿更觉得此人形迹可疑，所以回答时也特别小心。

不过，一个从部落里雇来带路的印第安人，倒没有说什么，他挑起华盛顿的行李，不声不响地就踏上那泥泞的道路赶路。

在紧张中赶了十多公里路，即使是身体很结实的华盛顿，也已经累透了。同时，他的脚又受了一点伤，所以就找了个地方燃起火来，打算架起帐幕来过夜。

那带路的印第安人，一看见他们要在这地方过夜，很惊

39

异地说："这里不能过夜。住在附近树林里的印第安人，都是亲近法国人的，在这里燃起火来，立刻就有被他们偷袭的危险！倘使实在累透了的话，就把枪给我，让我替你扛着，我们总得再赶一点路才行。"

在这充满杀机的蛮荒地区，枪枝就是白人最有利的防卫武器，机警的华盛顿岂肯将它轻易交给这位陌生的印第安人呢？三人继续赶路。

往前又走了不远，那个带路的印第安人突然停住脚步，侧着耳朵倾听。原来从北方传过来一阵枪声。

华盛顿心里不禁害怕起来，怕有埋伏着的印第安人从横里杀出来。印第安人最喜欢的战利品，就是白种人的头皮。那带路的印第安人依然一声不响，继续地赶路。

走了一程，他们走到树林里的一片空地边。一路在浓荫蔽日的树林中赶路，到了这里，由于地面上积雪的反射，显得特别明亮。再仔细看时，这里原来是一个牧场。突然，走在前面约50米的那个印第安人回过身来，拿出藏在身上的枪支，砰的一声，打了一枪！

华盛顿立刻仆到雪地上躺下来，还好，没有受伤。

“喂、基士德，没有事吧！”

同样趴在雪地上的基士德回答：“没有事。”

仔细看时，只见那个印第安人，急忙跑到一棵大桦树背后躲了起来，看那情形似乎是在装子弹。

华盛顿和基士德两人一起冲了过去，把那印第安人抓住了。

“这可恶的家伙，干掉他算了！”基士德恨不得马上打死那印第安人，可是，心地善良的华盛顿，使了个眼色阻止了他。

“喂，你把子弹装好！”

印第安人把子弹装好以后，华盛顿就把枪拿了过来，叫那印第安人走在前面。

当他们走到一条小河边时，他们就叫那印第安人燃起火来。华盛顿心里老在想，除非真的把这印第安人杀掉，否则，总得想个法子，使这个心存险诈的印第安人改变主意才好。

“你是不是因为迷了路，才开了一枪，作为问路的信号啊？”

华盛顿这样一问、那印第安人就阴阳怪气地一面笑、一面回答说：“是的。”

“既然不认识路，那你就先回去好了。我们实在累得走不动了，所以，今晚就要在这里过夜。等明天早晨，我们就沿着你的脚印，到你家里去找你。不过，你得准备一点肉，请我们吃一顿。”

说着，华盛顿还分了一点面包给那个印第安人。他非常高兴，就拿着面包飞也似的跑回去了。

基士德很小心地跟在那印第安人的后面、并伸着耳朵仔

细地听，直到听不见印第安人的脚步声才回来。

于是，他们两个又继续前进，大约走了一公里路以后，停下来生火煮东西。吃饱后，他们拿出指南针辨明方向后，继续前进。

原来他们是怕那个印第安人赶回来，所以，无论如何也要勉强地前进，好拉长彼此间的距离，以策安全。

他们拖着两条累透了的腿，整整赶了一天一夜的路，总算到达亚莱格尼河边。

华盛顿低着头，望着水面，说："糟糕！基士德。"

据他的猜想，河面一定已经结冰。可是赶到这里一看，只见那夹着冰块的河水滚滚地流着。他们两个只好在河边度过一夜。

怎样才能渡过河去呢？看看眼前的情形，除了制造木筏以外，再没有别的方法好想。可是，他们手里，除了一把小斧头以外，再没有别的工具了。

等天亮以后，两个人马上用那小斧头开始工作。整整忙了一天，才算把木筏勉强造好，可是，天快黑了。

他们两个把木筏拖下水后，就都踏了上去。他们手里拿着竹竿，打算划到对岸去。不幸得很，他们还没有划过河面的一半，那只木筏就被冰块给挤在中间，丝毫也动弹不得！

危险就在眼前了！

华盛顿急忙把竹竿插进河底去，好暂时把木筏支撑住，等冰块流过去以后再说。他使出全身的力量，紧紧地按住那根竹竿。

可是，河流是那样湍急，水力是那样凶猛，木筏很快就经受不住冲击，化整为零了。而华盛顿的整个身体，也被那根弯得像弓一样的竹竿子给弹了出去！他就一个跟头，扑通一声，跌进冰冷的水里去了！

“不行！基士德，赶紧游水，游过河去吧！”华盛顿在水里这样嚷着。两人抓住了一根木头好不容易挣扎着上了岸。

他们被冲到了河中心的一个小岛上了。两个幸而没被淹死的人，在这小岛上过了一个又冷又饿的夜晚。在这寒冷刺骨的深夜里，基士德的手脚全给冻得毫无知觉。

到了岛上，对于印第安人的追击，倒可以完全放心了。可是，另一个问题又来了，他们可有什么方法，离开这个小岛呢？

第二天清早，站在小岛上的基士德，突然高兴地喊了起来，原来河面已经封冻。

两人划着十字，口里念叨着“上帝保佑”，然后忘掉疲劳，胆战心惊地踏着这些冰块，终于安全地到达了对岸。

1754年1月16日，华盛顿终于到达威廉斯堡向丁威迪总督复命。此时，离出发之日已有两个半月之久。在整个出使期间，华盛顿都表现得谨慎、精明、果敢和坚定，他的杰出表现从此开始为人所了解。人们纷纷被他那

◎十字：对于基督徒而言，每当庆幸、兴奋时，他们都会在胸口划十字，代表的含义就是“感谢上帝保佑”。十字来源于十字架，传说基督教的圣子耶稣就是被钉死在十字架上。

不屈不挠、勇往直前而又富于献身的精神所感动。

后来，他根据日记，向丁迪威总督写了一份报告，即所谓的《俄亥俄日志》。美洲和欧洲都发表了这份报告。华盛顿顿时声名鹊起。对一位刚二十出头的年轻人而言，这的确让他大出风头。

因此，在他还十分年轻的时候，大西洋两岸都已知道他，并称之为华盛顿上校。

✳ 大草地战斗 ✳

弗吉尼亚总督丁威迪对法方的强硬态度大为恼火，决定先下手为强。他认为只要英军有足够的兵力并抢先赶往俄亥俄地区，定能挫败法军南下占领该地区的计划。

为此，他召开议会，介绍了俄亥俄地区的危急形势，并将华盛顿的《俄亥俄日志》提供与会人员审阅。

议会决定，提供1万英镑的经费保卫"边地"。总督还下令组建一支300人的队伍，开赴该地区，并在华盛顿建议的地点修堡筑路，积积备战。

华盛顿有着强烈的进取精神，从不放过任何一个能使自己出人头地的机遇。现在他觉得机会来了，于是策马来到总督府，凭着一股子冲劲，再次向丁威迪毛遂自荐，请命率弗吉尼亚民团对法军作战。这位求官心切的年轻人甚至还请求丁威迪的老朋友理查德科尔宾出面疏通。他在写给理查

德科尔宾的信中直言道："倘若承蒙您认为我能胜任中校职务，并承蒙您在任命军官时为我进上片言，晚辈将感恩不忘。"

丁威迪对这位年轻人不久前的出色表现仍记忆犹新，

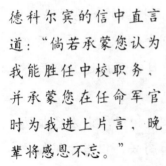

◎中校：西方军阶的一级，通常是少尉对应排长，中尉对应副连长，上尉对应连长，少校对应营长，中校对应副团长，上校对应团长，准将对应旅长，少将对应师长，中将对应军长，上将对应方面军司令官。

十分赏识华盛顿。不久，他便任命华盛顿为所募军队的副指挥，领陆军中校衔。

华盛顿对丁威迪总督的任命激动不已，当即便奉命，率领征募到的兵员，带上大炮及其他军需品赶赴俄亥俄，以对抗法国军队。

总指挥弗赖伊上校带领大部队随后出发。

1754年4月1日，他正式发布进军命令。这是一支仅有120人的队伍，只有两辆四轮马车，他们从亚历山大里亚出发，向北行军……

但是，华盛顿出师不利，一路上难以征到急需的马车。在英、法两军争夺俄亥俄河汊地区的竞赛中，英军无法战胜法军。由于法军势力强大，占领了俄亥俄河汊地区。

但是，初生牛犊不怕虎。华盛顿并没有退缩，他把夺取红石溪和莫诺格赫拉河的交汇地作为下一个目标。

华盛顿认为占领该地，意义重大。因为大量军需品将通过这里才能转运到俄亥俄河汊地区。

同时，他又直接向宾夕法尼亚、马里兰总督写信求援，

获得了马里兰支援的200人和宾夕法尼亚提供的一笔资助。

华盛顿遇到的另一个困难是处理同英国独立连的关系。这些独立连是英国的正规部队。5月17日，丁威迪总督写信通知华盛顿：

"英国4个独立连分别从南卡罗来纳和纽约出发已抵达弗吉尼亚。"华盛顿虽然为增加兵力而高兴，但当他得知民团和独立连官兵的薪俸有很大的差别时，非常不满。尽管不高兴，但华盛顿还是以大局为重。

战事进展得很不顺利，困难重重。情势越来越危急：法国人已控制了俄亥俄河岔口，第二支法军正沿着俄亥俄河逆流而上……5月23日，印第安侦察员又带来了一个消息：有一支大约800人的法军正向华盛顿这边开来。

面对强敌，华盛顿顿感紧张。自己刚上任，就遇到这么大的挫折，这不能不使他感到有一种巨大的压力。尽管危险日益增长，他还是没有灰心畏缩，相反，他认为必须率队前进，收复被法军占领的堡垒。

不久，印第安人给华盛顿送来情报：一支法军出现在该地附近。

根据情报，华盛顿立即率领小分队来到他们称为"大草地"的地方，还与印第安人部落首领亚王取得联系，争取他的支持，做好一切战斗准备。

华盛顿带领四十多人，悄悄穿过树林，沿着山道向法军逼近。

5月29日早晨，当天色大亮时，英军来到法军的眼前仅100米远的距离。

"开火！"华盛顿下了命令。霎时，枪声划破长空，措手不及的法军匆匆拿起武器，但已经为时已晚，只得乖乖地向华盛顿投降。

整个战斗不超过15分钟，法军伤亡11人，被俘21人，总指挥德·于蒙维尔被击毙。

华盛顿指挥的第一次战斗就取得了这样的胜利，这令年轻气盛的他欣喜若狂。3天后，他在给弟弟的信中谈到了这次战斗："我听到子弹的呼啸，请相信我的话，那声音里确实含有魅力。"

后来，英王乔治见到这段话，也认为华盛顿过于狂热。这位国王以讥讽的口气评论道："如果他曾经听过多次呼啸的话，他就不会这么说了。"

如果一定要指出华盛顿身上的缺点的话，那就是他太勇敢了。有时，他也许不应该那么多地暴露自己。

虽然华盛顿为这次小小的奇袭战激动不已，但他并没有被胜利冲昏头脑。他现在的处境极端危险。除了俄亥俄河岔口地区的堡垒中约有1000名法军以外，他们的援军也正在途中。而相比之下，大草地军防地则过于薄弱。为了防备法军

可能的军事报复，华盛顿积极做好备战活动，同时向弗来伊上校要求立即增派援军。"倘若没有足够的增援，我们将不得不放弃阵地撤退到您处。否则，就将在力量悬殊的条件下战斗。"

华盛顿在给丁威迪的信中写道："我随时都准备着应付优势敌人的进攻。即使敌我双方的人数比例是五比一，我也要进行抵抗……请阁下放心，我决不会让敌人打一个措手不及……如果您听说我打了败仗的话，毫无疑问，您同时也会听到，我们是尽了自己的职责的。只要有一线希望，我就要战斗到底。"

出乎华盛顿意料的是，法军并没有立即向英军发动报复性的军事活动。相反，他们准备通过细致而周密的部署，给华盛顿以致命的军事打击。

✴ 困苦堡突围 ✴

由于久候法军不至，华盛顿的部队在固守待援中渐渐出现了粮荒，有一阵子竟好几天都没有看到面粉。正在这时，后方却传来了不幸的消息：弗赖伊上校在威尔溪不幸病故。

这个噩耗让华盛顿大吃一惊，一方面，他为弗赖伊上校感到悲痛；另一方面，他又感到自己现在是雪上加霜，本来自己的兵力就少，而敌人是自己的好几倍，现在弗赖伊上校又死了，以后的仗就得全靠自己了。

6月4日，丁威迪总督来信告诉华盛顿，让他接替弗赖伊

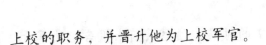

上校的职务，并晋升他为上校军官。

为了支持华盛顿，丁威迪总督又派了一个叫麦凯的上尉，率领100名英国正规军前来俄亥俄。

收到总督的信，华盛顿感到很高兴。可是等到麦凯上尉一到，华盛顿才感到事情并不像自己想得那样好。

10日，麦凯上尉率领南卡罗来纳独立连到达。英军独立连连长麦凯先生仅是一名上尉军官，理应听从华盛顿的指挥。可是，麦凯先生却拒不接受华盛顿派人送去的部队的口令和暗号，又以索取高额报酬为借口，拒绝帮助华盛顿部队筑路。对麦凯上尉的傲慢无礼，华盛顿非常生气。他几次向总督告状，抱怨说："是我向一个连队发命令，还是一个独立连的上尉向弗吉尼亚民团发布命令？"

6月28日，情报传来，有一千多名法军正向华盛顿驻地扑来。华盛顿决定把部队撤到大草原集中，士兵们冒着酷暑徒步行走在曲折的山道上。

7月1日，部队终于撤退到大草原。华盛顿下令在草原上修筑碉堡和工事，以防御敌兵。又饿又累的士兵们在烈日下筑起了四边长宽分别为90英尺和60英尺，西北到东南的对角线为160英尺的土堡，因为建筑非常艰苦，这座堡垒便有了"困苦堡"之名。

7月3日清晨，当华盛顿和他

的士兵正在加强垒筑碉堡的时候，侦察兵前来报告，法军大举出动，现已离此地只有10英里远。

天刚放亮，"困苦堡"前突然响起枪声，一千多名法军突然向华盛顿的队伍发动攻击。可刚刚交战不久，突降大雨，"困苦堡"周围的洼地成了一片水塘，士兵们在雨水里被淋得浑身湿透，弹药都被淋湿了，已无法使用。华盛顿的几百名士兵怎能敌得过两倍半于己的法军？

晚上8点左右，雨下得更大了，法方要求华盛顿派人和谈。不幸的是，唯一能讲正确法语的军官德佩鲁内受了伤，不能走动。华盛顿不得不请他原来的剑术老师雅各布·范·布拉姆前去周旋。

对方要求华盛顿撤出"困苦堡"，并保证一年内不得到法国的领土上修筑任何建筑物，英军可以带走除大炮以外的各种军用物资，而且英军必须放了上次大草原战役中被俘的法方士兵。在未移交法军战俘之前，范·布拉姆上尉和斯托波上尉应留在法方，作为人质。

华盛顿答应了，他想：保存实力是最重要的，"困苦堡"再打下去就会牺牲更多的英国士兵。所以，好汉不吃眼前亏，留得青山在，不愁没柴烧。

第二天上午，华盛顿和他的部下就打着团旗，狼狈地走出"困苦堡"，仅把一面过于笨重无法携带的巨幅旗帜留下来。

华盛顿领导的弗吉尼亚团，包括军官在内，一共305人。这次战斗中，伤亡惨重，战斗力大大减弱，士兵意志消沉。不久前，还沉浸在大草地战役胜利的喜悦之中的华盛顿，很快又坠入了失败的羞耻、痛苦之中。

"困苦堡之役"对华盛顿的打击太大了，这是他难以忘却的耻辱。在以后的日子里，他还经常回忆起"逃跑中度过"的悲苦情景。但军事上的失败并没有使华盛顿的威信减色，反而因战场上的失败，使他在弗吉尼亚人民心目中成了真正的英雄。华盛顿回到威廉斯堡，三天后当地报纸就报道说："我们勇敢的人们依然活着，为他们的国王和祖国效劳。"

这样，名不见经传的华盛顿一下子成了大西洋两岸的风云人物。

❋ 两征迪凯纳堡 ❋

"困苦堡"的悲剧使英国王室清醒地认识到，对法国人必须以牙还牙，就决定派出三支远征队到北美角逐。其中一支以攻克迪凯纳堡（即今匹兹堡）为目标的远征队，由60岁的少将爱德华·布雷多克任指挥。

1755年2月22日，布雷多克将军到达弗吉尼亚。一时备战的气氛浓烈地笼罩着弗吉尼亚。

华盛顿从他的乡村别墅看到军舰和运输舰沿着波托马克河逆流而上。甲板上的武器琳琅满目，闪闪发亮。大炮的隆隆声在他的园林中激荡回响。在不远的亚历山大里亚，成群的士兵来来往往，战马长啸嘶鸣、鼓声响彻云霄。原本就未完全静下来的心很快便激动起来了，他的军人气质不断昂扬高涨。他认为，这是一次建功立业的大好机会。他非常希望以志愿兵的身份参加这场轰轰烈烈的远征，重返硝烟弥漫的战场。

布雷多克将军为人正直宽厚，但性情急躁。由于长期在王家禁卫军中任职，显得有些刻板、固执和过于崇拜书本。他特别注重常规训练和技术细节，虽然军事经验丰富，但事实很快表明他的经验只适用于欧洲的环境。

而如今当他面对眼前陌生的土地时，则显得有些捉襟见肘。相反，华盛顿却对北美殖民地的风土人情，尤其是西部边疆的地形了如指掌。但布雷多克将军心高气傲、独断专行，根本不愿听别人的意见。不管这种见解与理性和常识多么不能相容，他就是放弃不了自己坚持的见解。

4月12日，布雷多克将军开始率领大队人马向迪凯纳堡推进。这位生性固执的将军仍抱着他在欧洲学的那一套战术不放。严格按照"正规军"的惯例办事，不知道因地制宜、随机应变。

这支英军在道路多少有些崎岖不平的情况下，不是奋力兼程前进，而是每遇到一座小山丘，就停下来铲平，每遇到一条小溪，就停下来搭桥。布雷多克将军花了一个多月，才走了一百多英里。其行军速度之缓慢可想而知，以至贻（yí）误了战机。

7月9日，天刚破晓，英军按照既定方案渡过莫诺格赫河，此地距迪凯纳堡只有15英里路程。大家看起来仿佛是准备去

参加宴会，而不是去参加战斗。军旗飘扬、军鼓军笛齐鸣。一切井然有序，有条不紊。他们就这样威武雄壮地渡过了莫诺格赫河。接着、英军又沿着河岸，穿过稀疏的树林，应

◎《掷弹兵进行曲》：这首曲子起源于17世纪,拿破仑时代是很流行的军歌,现在是白金汉宫前换岗仪式的必奏曲,也是美国国宾礼必奏曲目。但不是任何一个国家的国歌。

和着《掷弹兵进行曲》的曲调、迈着轻快的步伐，蜿蜒前进。

结果，他们遭到了法国人和印第安人的猛烈伏击。树林中回荡着印第安人鬼怪般的呐喊声和杀声。

不久，英军的整个部队便开始溃退。士兵们像被惊散的羊群一样，丢下大炮、弹药、粮食等四散奔逃。

在灾难降临的整个这一天中、华盛顿始终

表现得既勇敢又镇静。他几乎跑遍了战场的每一个角落，甚至亲自操炮轰击敌人。在英军已处于一片混乱之中，溃逃之势犹如决堤洪水的形势下，华盛顿组织部队且战且退，避免了全军覆没。

显然，战斗中的一些东西对他是一种刺激。华盛顿非常勇敢，从不担心子弹有可能会射中自己。这次战斗之后，华盛顿写道："有四颗子弹射穿了我的外套，我的两匹坐骑被射死。但我还是幸运地活了下来，分毫未损。"

这是英军历史上最尴尬的一次失败，它也给华盛顿留下了终身烙印。

出征的军官中，半数以上未能生还。这或许塑造了华盛顿作为未来军事领导人的性格。他认识到，也永远不会忘记在战斗中被敌人突袭所要付出的惨痛代价。

布雷多克远征以失败而告终。整个战役中，包括布雷多克在内的900名英军将士阵亡。史称"史无前例的奇特胜利和史无前例的望风披靡的大逃窜"。

人们将失败的原因归之于布雷多克将军的墨守成规、不知道变通，没有采纳华盛顿等人的警告和建议。

7月26日，华盛顿拖着虚弱的身体回到了弗农山庄。

布雷多克远征失败的消息传开后，在各地居民中引起了一片惊恐情绪。英军的溃败退却使得弗吉尼亚新开拓的边疆地区完全处于没有保护的境地。人们纷纷要求建立民兵组织，保卫边疆安全，要求华盛顿再一次出山，出任弗吉尼亚武装部队的总指挥。

当这件事情尚在酝酿的时候，华盛顿的母亲深为儿子的

安危担心，屡次劝他不要冒险去边疆。华盛顿则表示："尊敬的母亲，如果我能够避免再去俄亥俄地区的话，我一定不去。但是，如果国民的普遍呼声要求我出任指挥官，而条件又无可非议的话，我再拒绝这一任务，就太丢脸了。"

在担任弗吉尼亚武装部队总指挥的两年多时间里，华盛顿一直率领部队驻守在荒凉艰苦的西部边疆，保卫居民们免受法国人及其印第安盟友的袭击。他殚（dān）精竭虑，兢兢业业，与士兵同甘共苦，以勇气和作风激发起战士们对自己的尊敬和忠诚。所有这些都为他日后那番惊天动地的事业积累了丰富的经验。

值得指出的是，华盛顿早期的声望和威信并不是来自辉煌的胜利或者其他成就，从某种意义上来说，却是在艰难困苦和军事挫折中提高的，差不多可以说是打败仗的结果。终于，他由一位鲜为人知的小土地测量员成了一位声誉日著于大西洋两岸的英雄人物。

然而，一支1000人的队伍实难捍卫长达三百多英里的边疆，百姓仍不断受到袭击和屠杀。

人们惊恐不安，忧心如焚。妇女们恳求的眼泪和男人们的苦苦哀求使华盛顿痛苦万分："我不知道该怎么描述人民的痛苦，可是我又能做什么呢？我明了他们的处境，我知道他们所面临的危险。我也和他们一样痛苦，可是我却没有能力减轻他们的痛苦。只能给予一些靠不住的诺言……如果我的鲜血或生命能制止那些野蛮人无休止的报复行为，我宁愿成为他们的牺牲品，任其宰割。"

更令华盛顿不开心的是，丁威迪也开始对自己百般习

难。因而，华盛顿在驻守边疆的日子里，心情极为沉重、悲观，加之长期操劳过度，原本十分强壮的身体很快便垮下来了。1757年底，愈来愈厉害的疟疾迫使华盛顿放下重担，回到弗农山庄。

1758年，华盛顿的健康逐渐好转，丁威迪也于1月份离职。更令人鼓舞的是，英国政府在威廉·彼特的主持下，准备在美洲展开更大规模的对法战争。

不久，福布斯将军便被任命为远征迪凯纳堡的总指挥。

华盛顿再次率弗吉尼亚民团随福布斯将军远征迪凯纳堡。这次远征取得了成功，堡垒不攻而克。

华盛顿梦寐以求的理想是成为英军的一名军官，并为之而努力。他体格非常健壮，讲究着装，常常身着红蓝色的军服，使用所有的装束，包括银扣和帽徽。他甚至还经常设计自己参战时所穿的军服。

在他看来这不是虚荣，他认为这有助于自己的指挥感觉和对外形象。尽管他为这一理想倾注了几乎所有的热情，然而这一理想却还是未能成功。

华盛顿仍只属于弗吉尼亚民团，而不是英国正规军的一名军官。

理论上讲，他甚至要服从英军最低军官的指挥。为此，在攻占迪凯纳堡后，华盛顿认为弗吉尼亚西部边疆的安全已经得到保障。于是，他决意退出军界，结束这种飘摇不定的军旅生活，回归宁静而清新的田园生活。

这时候，华盛顿刚好26岁。

第三章

投身反英战争

白屋的婚礼

1758年，华盛顿奉军需司令部约翰·圣克莱尔爵士之命，前往威廉堡催促物资供应，在约克河一个渡口过河时，他恰好和一位叫张伯伦的先生同行。出于弗吉尼亚人的好客精神，张伯伦先生邀请华盛顿到他家做客。

在当晚的宴会上，有一位漂亮的女士，身材娇小，温文尔雅，让华盛顿眼前一亮。她叫马莎·卡斯蒂斯，是个寡妇。她的父家和夫家是这个省份的名门望族。她丈夫丹尼尔·帕尔·卡斯蒂斯已去世3年了，给她留下两个年幼的孩子和大笔遗产。

"马莎女士，这位是华盛顿上校，认识吗？"张伯伦这样介绍。

马莎微笑着点了点头。这位保护国境、年轻英勇的华盛顿上校，在弗吉尼亚可是知名人物。

华盛顿一见到马莎，就很有好感。她有一双乌黑的眼眸，娇小的身材，全身配合得匀称极了。

他把赶往威廉堡的日期延后一天，这一晚就在张伯伦家住了下来。

晚餐吃过以后，华盛顿正和马莎在那里亲热地谈话，一个黑人奶妈推门走了进来，她左手抱着一个男孩儿，右手还拉着一个可爱的小女孩儿。

马莎看到他们，高兴地说："哎哟，你们来了！华盛顿上校，你看，这就是我的两个孩子。"

本来就喜欢小孩儿的华盛顿，立刻和这对名字叫芭蒂和约翰的姐弟玩儿了起来。他把两个孩子抱起来，让他们坐在自己的膝盖上，孩子们一会儿摆弄他胸前的勋章和金色纽扣，一会儿又摆弄闪闪发光的指挥刀。

◎指挥刀：19世纪以前，指挥刀在西方各国军官普遍配备。其样式是从传统欧洲刀剑演变而来，刀身细长，略带弧度，刀柄处装有护手，外表装饰华丽。从20世纪二三十年代开始，逐渐从军队装备中淘汰，并演化成纯粹装饰和礼仪性质的东西。至今在各国军队仪仗队中，仍保留着这种装备。

"叔叔，你是拿这把刀杀印第安人的吗？"

"不，叔叔是不会去干那些杀人的勾当的。不过，我给你们看这个。"说着，华盛顿就把刀套上敌人留下的弹痕给孩子们看。

"敌人的枪弹就打在这儿了。"

"这指挥刀中了弹，也一定哭着叫痛吧？"

马莎坐在旁边微笑着，很高兴地听着孩子们问话。

的确，不但是她，就是孩子们，也都需要一个强有力的保护者。

华盛顿

HUA SHENG DUN

华盛顿不想错过这段姻缘。但军务在身，不容他有更多的时间，所以，他尽量设法充分利用这一短暂的机会，用最短的时间向她求了婚。这位美貌的寡妇有很多求婚者，但是华盛顿名声显赫、威武英俊，在女性的眼中就显得十分高贵。因此，在没有分别以前，他们已经海誓山盟、订下了婚约，一旦迪凯纳堡的战役胜利结束，就举行婚礼。

1758年11月，华盛顿率军向迪凯纳堡进军。可当他斗志昂扬地到达迪凯纳堡时，这里却是一座空城。敌人已经逃走了。

11月25日，华盛顿率领先遣部队开进要塞，把英国国旗插在还在冒烟的废墟之上。同时，把这个要塞改名为彼得要塞，以纪念当时的英国首相威廉·彼得。

随着迪凯纳要塞的攻克，长达7年之久的英法战争结束了，防卫俄亥俄地区的任务也告一段落，华盛顿总算可以重享田园生活了。

脱下军服，是他最高兴的一件事。因为，他在本质上并不是一个武人，而是一个爱好田园、热爱故乡的诗人。

1759年1月6日，他们举行了隆重而热烈的婚礼。婚礼是在高朋满座的氛围中，按照弗吉尼亚古老的风俗举办的。这一年，华盛顿27岁。

大地主生活

婚后，华盛顿和新娘一起住在白屋。期间，他到威廉斯堡就任市民院议员。市民院经过投票决定以盛大仪式欢迎他

就任。于是，他一就座，和他私交颇厚的议长鲁宾逊先生就慷慨陈词，代表这个殖民地向他致谢，感谢他为保卫家乡效力，建立了赫赫战功。

华盛顿起立致答词，他面红耳赤、身体颤抖，嘴里嗫嗫嚅（rú）嚅，一句话也说不出来。鲁宾逊议长笑着说："华盛顿先生请坐下，您的谦虚可以与您的英勇相媲美，实在是难以言表啊！"

这是华盛顿第一次参加政治生活的情况，在以后的政治生活中，他也像在他的军事生涯中一样，英明、忠诚、勇敢和大度。

在市民院开会期间，他经常参加市民院会议。3个月后，会议闭幕，他就携新娘回到了他喜爱的弗农山庄。

华盛顿夫人的前夫卡斯蒂斯先生留下了大宗田地和4.5万英镑现款。其中三分之一归他的遗孀。三分之二由他的两个子女继承，平均分配。根据议会的一项法令，这两个孩子所依法继承的财产将由华盛顿代管。对于委托给他的这项神圣而

◎英镑：是英国国家货币和货币单位名称。主要由英格兰银行发行，在英国，女王是最尊贵的象征，所以所有英镑的正面都是英国女王伊丽莎白像，反面的图案则根据钱币的面值各有不同。

复杂的任务，华盛顿极其忠实而精心地完成了。他不只是孩子们的监护人，更像他们的亲生父亲。

华盛顿原本就有一大笔财产，结婚后又增加了不止10万美元的财产，一夜之间他便成了弗吉尼亚数一数二的大种植园主，完全能过着富裕奢华的生活。他和费尔法克斯一家的密切关系以及和英国高级军官的来往，都影响了他的生活

◎种植园主：占有黑奴，而黑奴与种植园同为种植园主的生产资料。种植园主依靠这些生产资料生产出商品，进行销售，获得利润，是典型的资本主义经济。

方式。他有一辆四轮马车，由身穿号衣的黑人车夫驾驶，供华盛顿夫人和她的女宾使用。他自己一般骑马。他的马厩干净整齐，里面马匹成群，都是一流的良种马。

在当时，弗吉尼亚的一个大庄园就是一个小帝国。宅邸就是政府官邸，还有诸如厨房、熏肉房、各种作坊和马厩、牛棚等许多附属建筑物。在这所宅邸里，种植园主是最高统治者。管家是他的首相和参谋长。他拥有大批黑奴，或从事家务劳动，或种植烟草、玉米及其他作物，或从事其他户外劳动。黑奴的住所和种植园主的宅邸是分开的，另外形成一个村庄，里面的小屋各式各样，屋前屋后都是小菜园子，还养着成群的鸡鸭，还有一拨拨的黑人小孩儿在阳光下嬉戏。其次，就是用以加工烟草的大型木屋。烟草是这里的主要作物，也最能赚钱。此外，还有磨小麦和玉米的磨坊。大片的田地都种着小麦和玉米，为大家提供粮食。

奴隶中间有掌握各种手艺的匠人，像裁缝、鞋匠、木

匠、铁匠、修车匠等，因此，一个庄园自己就可以生产出日常需要的一切用品。至于时髦精致的生活用品、奢侈品和贵重衣服，则都从伦敦进口，因为所有的种植园主，尤其是波托马克河畔的种植园主，都直接和英国进行贸易。他们的烟草都由自己的黑人奴隶包装，印上自己的商标，装船运给利物浦或布里斯托尔的某一个代理人。然后，由种植园主和代理人结账。

弗吉尼亚的种植园主们认为亲自经营管理有失身份，都喜欢仰仗管家去经营庄园，华盛顿处理农村事务也像打仗一样有条不紊、积极主动、精明审慎。他像商人一样建立明细账，亲自过账、结账。我们研究过他的账簿、日记和书信备查簿。他的日记中记载着每天的事务，书信备查簿中有每批烟草的报单以及他和伦敦代理商的来往信函。这些都足以证明他有办事认真的商人作风。

当时，华盛顿庄园的产品也以可靠的质量和数量而闻名。在西印度群岛各港口，凡是印有弗农山庄乔治·华盛顿印记的面粉桶都是免检放行的。

华盛顿对待黑人和颜悦色，很关心他们的福利，尤其爱护生了病的黑人。但是他绝不能容忍偷懒，而且要求黑奴忠诚地完成分配给他们的每一项任务。他目光敏锐，一眼就能看出每个人的能力。他的一篇日记证明了他的这种特殊才能。

有一次，有4个黑人木匠在砍伐树木，修整木材。看了看早上完成的工作量，他觉得黑人磨了洋工。他坐了下来，一声不吭，计算他们完成各种作业的时间，看看他们准备横锯和其他工具需要多少时间，清除伐下的树木上的树枝需要

多少时间、砍树、锯树需要多少时间，考虑和商量需要多少时间。最后，在他观看的时间内又完成多少工作。据此，他计算出他们照正常速度干活儿时一天的工作量。

还有一次，他有两天抽空和铁匠彼得一起干活儿，按照他自己设计的新式样打一把犁。在失败两三次以后，他把犁打好了。然后，他又像往常一样娴熟地套上两匹拉车的马来犁地，在草皮很厚的地面上试验他的新发明，一点也不担心他的马受伤。

华盛顿喜欢打猎。一到狩猎季节，他经常一大早就骑马出去，视察庄园的偏僻角落。他常常挑个庄园举行狩猎宴会。据说，在这种场合，华盛顿总是尽兴而归。

◎贵族阶层：最初指的是奴隶制社会和封建社会中，因权力、财产高于其他阶级而形成的上层阶级。包括军事贵族、世俗贵族、宗教贵族。与平民阶级相比，贵族阶级享有更多的特权，拥有更大的政治权利。现在部分国家仍有贵族头衔，但只是个荣誉称号。

华盛顿和夫人偶尔也到当时的马里兰省政府所在地——安纳波利斯去，参加议会开会期间的庆祝活动。当时，省政府所在地的社交界始终只有上层人物和豪门贵族能够参加，圈子比现在的共和国时代要小。从某种意义上来说，这里的上流社会只是英国贵族阶层的前哨，英国贵族的年轻的儿子和高傲的穷亲戚霸占了这里的全部职高禄厚的肥缺。

在议会开会期间，宴会和舞会很多，偶尔还有戏剧演

出。华盛顿一直非常喜
欢看戏、不过他从来没
有机会看个够。他也不
讨厌跳舞。一些有身份
的老太太——当年她们
都是美人——自豪地谈
起，当年她们和他跳过
舞，不过，她们又说，

> ◎跳舞：此处的跳舞不同于中国的传统舞蹈，它不是由专业人员表演给观众欣赏，而是一种交际舞。交际舞是一种社交性的舞蹈，需要男女两人合舞，又称交谊舞。在西方上层社会，极为流行。

他总是一个彬彬有礼、不苟言笑的舞伴。

平时在家料理农事，闲暇时就参加一些农村的娱乐活动和社交活动。

多年的奔波、征战，使华盛顿备觉定居生活的安宁与快乐、十分珍惜家庭生活的温馨。

各方面都表明这是一个美好的婚姻，华盛顿从中得到了很多。

现在弗农山庄成了华盛顿的安乐窝，华盛顿曾在信中写道：“我目前和一位可爱的终身伴侣定居于此，希望解甲归田、与我以前的动荡生活相比，我会得到更多的乐趣。”

在1759—1775年这16年间，华盛顿拥有一切想要的事物：美好的婚姻、富饶的农田、漂亮的家园、在地方及全国政界享有一席之地。

但是，弗农山庄不是世外桃源，它的命运与英国的经济发展息息相关，与英国当局的殖民政策紧密相连。

印花税法

  这时，政局开始发生变化。虽然他没有任何政治野心或打算，但由于政局的变化，他还是注定要逐渐离开他平静的家园和个人的活动，投身到比他以前从事过的任何活动都要更加宏伟、更加广阔的活动领域中去。

  华盛顿在经营烟草生产时，受到英国商人的残酷盘剥。他在伦敦的代理商罗伯特·卡里公司竟通知华盛顿，说他欠了公司的债务，华盛顿只得为1500英镑的债款付了利息，到了1766年，他还有1300英镑债款需要偿还。

  华盛顿认为殖民地居民所积聚的硬币和财富都"集中到了大不列颠"。这是英国与殖民地之间的不平等贸易。

  英国王室的殖民政策更使华盛顿愤愤不平。在1763年的时候，英、法在北美的战事以英国胜利而宣告结束。那年10月，英国王室颁布赦令，将位于北美阿巴拉契亚山以西的土地统归英国王室所有，"严禁忠良臣民在该地区购买土地或定居"。这对于深知西部土地价值并在那里进行土地投资的华盛顿来说，无疑是当头一棒。

  1764年，英国政府又颁布"糖税法"，宣布在北美的殖民地对食糖和糖浆等征收关税。

  1765年3月，英国政府又通过了"印花税法"，规定凡北美殖民地出版的一切报刊、广告、历史书、法律文件等，都必须贴上面值为半便士到20先令的印花税票，才具有法律效力。

单单一张大学毕业证书就要缴纳2英镑的印花税。这个印花税是一种明目张胆地侵犯殖民地人民的自由和主权的行为。整个北美洲人都被激怒了。

反对这项法令的第一阵浪潮发生在弗吉尼亚。1765年5月29日，在弗吉尼亚议会，热血沸腾的青年律师帕特里克·亨利在他著名提案中宣布：只有弗吉尼亚

◎布鲁图：是罗马人，受当时罗马执政者凯撒器重。但是布鲁图不满足于罗马共和国的现状，认为凯撒当时已经是一个独裁者。公元前44年，在布鲁图的策划下，一群参议员（其中包括布鲁特斯）将恺撒刺杀于庞贝城剧院的台阶上。

议会才有权力向本地居民征税，凡持有反对意见者就是弗吉尼亚的敌人。最后，他发表了精彩激昂的演说："凯撒有他的布鲁图，查理一世有他的克伦威尔，乔治三

◎克伦威尔：17世纪英国资产阶级革命中，资产阶级——新贵族集团的代表人物、独立派的首领。在1642—1648年的两次内战中，先后统率"铁骑军"和新模范军，战胜了王党的军队。1649年，处死国王查理一世，宣布成立共和国。

世可以从他们的前车之鉴中吸取教训。"弗吉尼亚议会的举动犹如战斗的号角，震撼了北美大陆。

1765年11月1日，印花税法正式实施的那天，波士顿家家户户关门闭窗，所有船只下了半旗，钟楼里敲起了丧钟，北美人民开始开展抵制英国的运动。

北美人民的反抗高潮迭（dié）起。当时的政策卡通画

华盛顿

HUA SHENG DUN

反映了这种追求革命的思想。从"做马的美国掀翻它的英国主人"到英国忠诚的臣民被全身涂满柏油后再插上羽毛，这些卡通画变得越来越充满火药味。

此刻，华盛顿在他的弗农山庄用犀利的目光密切注视着事态的发展。华盛顿对英国的态度在相当长的时间内犹豫不决。他感情上接受不了与母国一刀两断的极端做法，对英王乔治三世也有过幻想。但是，他在感情上已经和人民完全连结在一起，而且他已经预感到要有一番艰苦的斗争了。

出于爱国热情，他已经在考虑怎样应付这场斗争了。在弗吉尼亚的议会中，他投票支持了亨利的提案。他在给弗兰西斯·丹德里奇的信中写道："印花税法引起了殖民地人民当中爱思考的人士的议论。他们认为这种违反宪法的征税方法是对他们自由的卑鄙进攻，而且大声疾呼地反对这种侵犯人民权利的行为……我可以肯定地说，宗主国由此得到的好处必然远远达不到英国内阁预期的程度，因为，可以肯定，我们的全部财富从某种意义上说已经在源源不断地流向英国，任何促使我们进口有所减少的措施必定有害于英国的制造业。人民的眼睛已经睁开了，他们必然觉察到，我们花了钱财从英国购买的奢侈品是完全可以不买的……"

单单波士顿一地，对英国货的需求量一年内就减少了1万英镑以上。波士顿人开始走上街头，每个殖民州内都有暴乱，将官方的印花邮票破坏殆尽，印花税局局长的模拟像被吊死，他的窗子被砸碎，印花税局打算使用的房屋被拆毁，人们用拆下来的木料燃起熊熊大火，把模拟像投到火中烧毁。副省督、首席法官和行政司法长官想要抚慰骚乱的群

68

众、却都遭到了严厉的质问。印花税局局长只得在人们的暴怒中，于第二天宣布放弃这个危险的职务。

对这次事件，华盛顿认为："印花税本身是不合理的，所以不会坚持多久。"

英国政府不得不于1766年春天撤销了印花税法。

北美人民胜利了，到处都是欢庆胜利的人群。

波士顿大屠杀

其实，英国王室与议会取消印花税法是一种谋略，采用的是金蝉脱壳之计。

1767年，他们又推出以新任财政大臣查尔斯·汤森姓氏命名的所谓"汤森税法"。约翰·迪金森在《宾夕法尼亚纪事》上发表了"一位宾夕法尼亚农民的公开信"，指出"汤森税法"同"印花税法"一样，"侵犯了"北美人民的"自由"，"这和派出军队，施加武力，迫使我们屈从没有什么两样"，信在结尾时呼吁全体北美人民应该团结起来，"团结一致就有力量"。

自此，北美殖民地刚刚平复的风波又起，矛盾进一步深化，波士顿成为运动的中心。

1768年2月，马萨诸塞议会通过《通告信》，呼吁各殖民地人民团结起来，共同抵抗英国的欺侮，可是议会却遭到英国当局的强行解散。9月28日，马萨诸塞代表集会抗议英国的非法行径。当天，英国军队开进了波士顿。

华盛顿

HUA SHENG DUN

在整个民众运动期间，华盛顿依然居住在弗农山庄，他努力保持着平静。他的日记说明，他远离情绪激动的人群，在弗农山庄过着快乐的、充实的生活，从事他所喜爱的耕耘活动和狩猎生活。

但是，他是位爱国者，不能不关注各地风起云涌的民众抗英斗争。

殖民地人民反英斗争的信息不断传到弗农山庄，华盛顿心潮起伏难以平静。他在思考探索、审时度势。他凭借自己丰富的生活经验和军事阅历，觉得眼前英国与殖民地之间的矛盾、冲突、争斗，必将愈演愈烈，甚至有可能酿成流血的战争。此时的他既为英国也为北美殖民地的前途忧虑。

1769年4月5日，华盛顿在给友人乔治·梅森的一封信中写道："当英国尊贵的先生们不剥夺美洲的自由就不满足的时候，看来有必要采取某种措施，避开这一打击，并维持我们的祖先给我们的自由。但是，关键问题在于，采取什么样的措施，才能有效地达到这一目的。很显然，为了保卫与我们的生命息息相关的宝贵的自由，我认为，我们每一个人都应毫不犹豫地拿起武器。但是，拿起武器应该是最后迫不得已的手段。据说，我们向国王提出请愿书、向议会递交陈情书，都已无济于事。看来，抵制他们的商品和制成品能唤醒或提醒他们对我们的权利和权益的重视，这有待试一试。"可以说，这是华盛顿走向革命的一个重要标志。

1769年5月，弗吉尼亚议会召开了会议，一到会场，华盛顿就感到了气氛的热烈。他与到会的梅森、亨利等人很快达成了一致协议，为了反抗英国政府的变本加厉，他们决定成立一个抵制英国商品的联合会、保证不进口任何英国商品。

其实这么做，对华盛顿来说，损失是最大的。因为他是一个大种植园主，与英国方面贸易往来十分密切。这一决议的实施使他个人丧失了许多利润，但他不后悔，他说："为了整个北美殖民地人民的自由和幸福，我愿意做出牺牲。"

华盛顿作为英国移民的后代，曾一直视英国为自己的"祖国""母国"，自称是英国的忠顺"臣民"。然而，在英国当局的殖民政策的逼迫下，他忍无可忍，决心拿起枪杆子造反，走上反英的革命道路。

这份协议，经过一个年轻的议员杰斐逊，发表了一篇赞成的演说以后，由全体议员签名连署。

议员们开完议会以后，就兴高采烈地叫酒菜来了，把劳利旅馆的老板也请出来一起喝酒、干杯庆祝。

华盛顿的这个议案，马上被印了很多份，分寄到全美洲各地，展开了一个大规模的署名运动。

不久，华盛顿到了俄亥俄。因为，对那些参加对法作战的官兵们，他曾经许下了战后要分配20万英亩土地给他们的诺言。可是，丁威迪总督对这个诺言一直没有兑现。华盛顿为了要调查那块土地，便只身深入边境，为那些官兵们争取应享的权利。

华盛顿从边境回来时，顺便到他那个住在哈士德的弟弟萨莫埃家里。

"萨莫埃，告诉我一点新闻，在我出门去的这段期间内，可有什么事情发生过？"

萨莫埃告诉他的第一件事情，就是关于"波士顿大屠杀"的传闻。

　　这实在是一桩莫名其妙的事件。

　　1770年3月5日那天，站在海关门前的卫兵，受到了几个年轻人的侮辱。勃利士顿上尉带了8个士兵去援助，他们装上刺刀，在岗位上担任警戒。

　　"喂，你们这些穿红制服的家伙，不敢开枪吗？下流的笨蛋！"群众这样叫骂，同时，还扔了石块儿过去。

　　后来，有一个名字叫做阿炭苦的黑人和印第安人生的小流氓，动手去夺英军的枪。士兵就在这万不得已的情形下开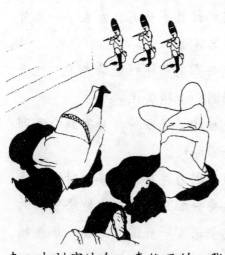枪，把阿炭苦打死了！接着，向一些蜂拥上来的群众开枪。结果，又打死了4个人，另外，还有几个人受伤。这就是"波士顿大屠杀"的真相。

　　那么，这件事情怎会那样小题大做地传遍了美洲的每一个角落里呢？原来，木刻家波尔·李维亚的一张描画着这个事件的版画，销售到全美各地去了，于是，事情立刻就广为传播起来。

　　"怎么？军队竟把老百姓看成狗一样，随便就给杀死了？好，为了使画面生动起见，就画一条狗进去……英国兵在波士顿，到处随便开枪了！……而且，这还得用彩色画才行，红颜色不能少，英军的红色军服，还有赤红的鲜血！什

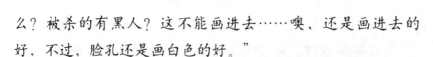

么？被杀的有黑人？这不能画进去……噢，还是画进去的好。不过，脸孔还是画白色的好。"

经过这样一番设计，一支行列整齐、神气活现的队伍，对着波斯顿的那些有身份的绅士开枪屠杀的情景，就呈现在了画面上；同时，还把一条狗插进画面里去。而且，还题了一首诗在上面：

> 可怜的波士顿，
>
> 看呀，你们的子弟多么不幸！
>
> 神圣的公道，
>
> 沾满了无罪羔羊的血腥。
>
> 这幅画在全美各地非常畅销。

华盛顿在看到这幅版画时，叹息道："哼！英军竟会做出这样蛮横的举动来！"

"这样一来，尽管'汤森税法'已经撤销，而大家对英国所抱的反感，有增无减。"萨莫埃回答道。

"哦，什么？……'汤森税法'撤销了吗？"

"是的。不过，茶叶还是要征税。"

美洲的反抗非常猛烈，英国政府没有办法，到了3月里，终于把"汤森税法"废除了。不过，英国国王为了要保持英国有在殖民地征税的权利，所以，茶叶还是要继续征税。只是这茶叶税的税率，为了不使殖民地人民受到痛苦，定得非常低，每磅只收税金3便士。

"茶叶税还保留下来了吗？这怎么行！问题并不是在金

钱上，而是在主张上能不能贯彻。"华盛顿喃喃自语道。

果真被华盛顿说中了。从此，美洲的反对运动就集中在茶叶税方面，并且一天比一天猛烈。

1773年12月16日晚上，一部分居民化装成印第安人，在漆黑的夜色中登上轮船，打开了342箱茶叶，把价值1.8万英镑茶叶倒入海中。这绝不是暴民的狂妄之举，而是一批理智、坚决、令人肃然起敬的公民

◎波士顿倾茶事件：又称波士顿茶党事件，是居民对抗英国国会的政治示威。它是北美人民反对殖民统治暴力行动的开始，是美国革命的关键点之一，也是美国建国的主要国家神话之一。此举被认为是对殖民政府的挑衅，英国政府派兵镇压，终于导致美国独立战争。

所采取的周密而又果断的行动。在整个事件发生的过程中，一切都显得井然有序。事情办完以后，参加行动的人员没有喧闹就各自散去，悄悄回到各自的家中。

英国政府大发雷霆，马上发布命令，封锁波士顿港。

形势十分紧张，波士顿港内的船只无货可载，码头上冷冷清清，市内的买卖完全停业，街上更是死一般的寂静。

✹ 第一届大陆会议 ✹

1774年9月5日，第一届大陆会议在宾夕法尼亚的费城正式召开。这是北美殖民地人民联合斗争的结果，也标志着北美殖民地人民同英国政府的斗争进入了一个新阶段。

参加会议的代表共有51人，代表除佐治亚州以外的所有殖民地。他们以"大陆联盟"的名义共同对抗英国的暴行。

弗吉尼亚州共有七名代表参加大陆会议，华盛顿是其中之一。

大陆会议在卡彭特大厅的一个大房间里开幕。据记载，这次会议庄严肃穆，各殖民地的显赫人物第一次有机会共聚一堂。过去他们只知道对方的名字但并不认识，促使他们荟萃一堂的是一个无限宏伟的目标。整整三百万人以及他们的后代的自由，都仰仗于他们的集体智慧和努力。

各州代表人数不等，由此就产生了表决方式的问题：按殖民地表决、按人头表决、还是按利害关系表决？会议代表帕特里克·亨利不赞成按地域或按利害关系表决。他说："整个美洲现在已经融入一体了。你们的地界在哪里？你们的殖民地的边界在哪里？一切都不复存在了。弗吉尼亚人、宾夕法尼亚人、纽约人和新英格兰人已经没有区别。我不是弗吉尼亚人，而是美洲人。"

经过一段时间的辩论，决定不管每个殖民地代表人数多少，都只有一票表决权。

由于第一次大陆会议是秘密进行的，又没有记者，会议的讨论和发言情况都没有记录下来。据参与者后来回忆说，会议选出主席和工作人员以后，长时间一片寂静。代表你看看我，我看看你，都不愿在这个历史性的场合首先发言。在这种"深沉的死一般的寂静"变得令人难堪的时候，一向有演说家美誉的帕特里克·亨利起身发言了。

开始，他的声音有些颤抖，这是他的习惯，接着，他的

演说就变得十分感人。当他开始历数殖民地人民所遭受的不公正待遇时，他愈说愈激动，最后发出了震撼人心的呼吁。

他在一片惊奇的低语和掌声中坐下来。现在，大家都承认他是美洲第一演说家了。

接着演说的是理查德·亨利·李。他发表了一篇风格迥然不同但同样让人感动的演说，使会场为之倾倒。他的演说简洁高雅、优美细腻，同亨利口若悬河、气势宏伟的演说形成了鲜明的对比。

会议共举行了51天。在会议期间，华盛顿只到主席台上讲了一次话。他的演说和一般演说是完全不同的，因而使听众深受感动：

"国民一方面享有推选代表到国会里去的权利，同时，却也不能避免向国家纳税的义务。可是，我们的英国政府，在议会里不接受殖民地的代表，也不理睬我们所提出的意见，却要从美洲人民身上征税。而且，还想用武力来实现这蛮横的主张。倘若有必要的话，我打算自己拿出钱来，成立一个1000人的队伍，好去拯救波士顿！"

这时，会场上寂静无声，因为这个向来稳健慎重的华盛顿，竟然想出了这个以武力抗争的主意来。

激进派的代表首先开始鼓掌，保守派的代表在那里小声议论着。华盛顿却不慌不忙地给反对派一个回答：

"倘若向当局请愿，确实有成功的希望的话，我也同意接受各位的意见。可是，到现在为止，我们已经请愿过不知多少次，但一次也没有结果。所以，为了想贯彻我们的主张，最后的手段，只有使用武力！"

大陆会议结束以后，华盛顿就匆匆忙忙地赶回弗农山庄。原来，他的妻子马莎由于女儿最近离开了人世，儿子又不在身边，甚感孤独和忧伤。马莎比平常更需要华盛顿回到她的身边。

莱克星顿的枪声

1775年4月18日，独立战争的第一枪在波士顿的莱克星顿小村打响了。事情是这样的：

马萨诸塞的总督兼驻军总司令盖奇得到了一个消息：在波士顿附近的康科德镇上，有"通讯委员会"的一个秘密军需仓库。盖奇立即传下命令，派军队前往搜查，没收这些军火。一支由800名士兵组成的英军，由指挥官史密斯率领，连夜出发了。第二天凌晨，他们来到了离康科德还有6英里的小村庄——莱克星顿。

英军在黎明前的薄雾中向前行进。忽然，他们发现在村外的草地上有几十个村民，正手握长枪，严阵以待。显然，这是要阻击英军。史密斯知道这些武装村民是莱克星顿的民兵。他十分惊讶：这些民兵怎么这么快就知道了英军要来讨伐呢？他哪里知道，"通讯委员会"的侦察人员得到情报后，早已飞马急驰把消息报告给了莱克星顿的民兵。莱克星顿是通往康科德的必经之路，这两个地方的民兵已经联合起来了。

史密斯下令开火，民兵们立刻还击，枪声震响在莱克星

顿的上空。反对英国殖民主义、争取民族独立的第一仗，由这个英雄的小村庄民兵们打响了！几分钟以后，枪声逐渐稀疏。民兵们因为人少，加上地形不利，很快撤离了战场，分散隐蔽起来。有8位战士献出了生命。

史密斯初战得手，非常得意。他指挥英军进入村庄，大肆搜捕，却始终没有找到一个革命者。这伙殖民军又集合起来，直奔康科德。

康科德镇外有一条河，地势比较险要。英军到了镇口，只见家家关门闭户，镇上十分清静。史密斯猜测军火可能已经分散转移了，就下令搜查。士兵们跑遍了全镇，结果，除了糟蹋了仓库里的一些面粉，砸坏了3个铁炮的炮栓，放火烧了一堆木汤匙以外，一无所获。史密斯无可奈何地耸了耸肩膀。

就在他下令返回波士顿的时候，镇外传来一阵喊杀声，喊声中还夹杂着清脆的枪声。原来，附近各村镇的民兵已经聚集在一起，向这里奔来。民兵们的行动这样迅速，后来人

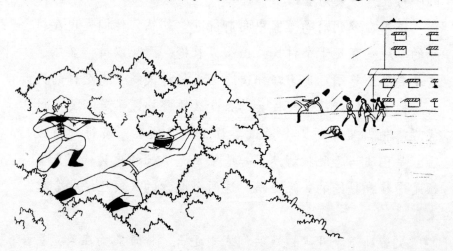

们把他们叫做"一分钟人"。上午9点多钟，三四百名"一分钟人"包围了正在撤退的英军。他们埋伏在四面八方，从篱笆后面、灌木丛中、房屋顶上，射出了一排排枪弹，打得英军措手不及，不断有人中弹倒地。

当英军举枪还击的时候，却找不到民兵们的人影。因为民兵在树林里边走边打，能主动出击，而不被敌人发觉。英军狼狈逃到了莱克星顿。

在这里，每一间房屋，每一堵墙，都是复仇者的掩体，英军再次受到这个小村庄民兵的阻击。

战斗一直持续到下午。最后还是从波士顿开来一支援军，才把史密斯的败兵救出了包围圈。这一仗，英军死伤二百四十多人。剩下的人不仅弹药耗尽，而且饿得厉害。

有个士兵说："我已经48小时没吃一点东西，帽子被打掉3次，两颗子弹穿透了上衣。我的刺刀也被人打掉了。"身穿红色制服的英国军人，历来是不可一世的，他们做梦也没想到会被武装的民兵打得落花流水。

莱克星顿和康科德的战斗震动了大西洋沿岸的13个殖民地。美国独立战争从此开始。

独立战争胜利后，美国人民为了纪念莱克星顿的战斗，在这个村镇的中心，铸造了一尊手握步枪的民兵铜像。他们永远也不会忘记，正是这个小小村庄的民兵，为美利坚民族的独立奠定了第一块基石。所以，莱克星顿成为美国自由独立的象征，被人们赞誉为"美国自由的摇篮"。

❀ 大陆军总司令 ❀

1775年5月10日，第二届大陆会议在费城召开。会议的中心议题是如何备战抗英。

由于英国已把战略决策提到了议事日程，形势十分严峻。华盛顿担任所有处理军事事务的委员会的主席，说明公众对他的军事才能和经验十分赏识，大多数军队的规章条例和防御措施都是他制定的。

著名的民主主义者如富兰克林、杰斐逊等也参加了会议，使会议更富有战斗精神。会议通过了《橄榄枝请愿书》、《关于拿起武器的原因和必要的公告》等。会

◎富兰克林：本杰明·富兰克林，政治家、外交家、科学家，发明了避雷针、壁炉，建立了第一支真正的消防队。是一个历史上少有的全能型人才，战时与和平时他都能成就事业，同时也是一个白手起家的模范。

◎杰斐逊：托马斯·杰斐逊，独立战争领导者，美国主要缔造者，《独立宣言》起草者，美国第三届总统。他的祖先是英国威尔士人，母亲出身高贵，是苏格兰贵族，父亲是中等种植园主，他与华盛顿一样也做过土地测量员，他在宣言中还提出了废奴的主张，但可惜被删掉了。

议最重要的决策是决定把已经汇集在波士顿的各路民兵整编为大陆军，同时招募兵员和向国外购买军火，这些举措意义深远。

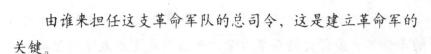

　　由谁来担任这支革命军队的总司令，这是建立革命军的关键。

　　1775年6月15日，大会进行讨论。马萨诸塞的约翰·亚当斯第一个站起来发言，他首先讲了大陆军总司令这个职务的重要性，又列举了担任此职必须具备的种种条件。

　　接着他说，能够担当此项重任的人就是弗吉尼亚的乔治·华盛顿。他以赞扬的口吻说："就他作为一名军官的才干和经历而论，就他的巨大的家财、出众的才能和整个卓越的品格而论，他能赢得全美洲的赞同，并且能够把所有的殖民地团结起来，共同奋斗，胜过全联邦中的任何人。"

　　他的话音刚落，代表们一致鼓掌表示同意。就这样，华盛顿众望所归，被选举为"保卫美洲自由的全部大陆武装力量的将军和总司令"。

　　次日下午，会议主席把选举结果正式通知华盛顿。华盛顿心情激动，但又有点惶恐地说："虽然我深知此项任命所给予我的崇高荣誉，但我仍感不安。因为，我的组织能力和军事经验恐怕难以胜任这一要职。

　　"鉴于议会的要求，我将承担这一重任，并愿竭尽全力为这一神圣的事业效力。"

　　在谈到待遇时，他表示不拿报酬，而只求如实报销开支。

　　6月20日，他从大陆会议主席那里接受了委任状。第二天，就是动身奔赴前线的预定日期。在这之前，依照民兵军官的要求，他检阅了好几个步、骑兵民兵军。人人都希望看到新上任的总司令，也很少有人能像他那样完全符合公众心目中司令官的完美形象。

他所率领的是些缺乏训练的业余战士，而他们所面对的是世界上最强大的军事力量，面临的是无边无际的苦难。一名满怀同情的旁观者写道："可怜的将军，像他这么好的人，竟要背负这么重的任务。"

华盛顿在给其兄弟约翰·奥古斯丁的一封信中写道："我现在要向你以及所有舒适的家庭生活暂时告别了。我将驶向一个无边无际、浩瀚无垠的广阔海洋，在那里也许找不到一个安全的港湾。"

然而，接受北美大陆军总司令之职可以说是华盛顿人生旅途的一个重大转折点。从此，华盛顿作为一代伟人和英雄的生活开始了。他将率领北美13个殖民地的人民，为争取民主和自由浴血奋战。

解波士顿之围

1775年6月21日，华盛顿从费城出发，前往波士顿。这次旅途中的军人旅伴有斯凯勒少将等。护送他的部队是马凯上尉率领的"君子部队"。这支队伍十分壮观。

当时，整个费城大街上人声鼎沸，挤满了为华盛顿送行的人们。临行前，依照民兵军官的要求，他检阅了好几个民兵连队。华盛顿高大魁梧，气宇轩昂，骑着高头大马的他每走到一处，都会响彻一片欢呼声。

1775年6月23日，华盛顿率部奔赴前线波士顿。就在几天前，北美民兵胜利地占领了波士顿的邦克山。但在第二

天，英军立即发起猛烈的反攻。大陆民兵们顽强战斗，连续打退英军3次进攻，杀伤敌人千余人，但最后还是因弹尽粮绝而被迫放弃了阵地。华盛顿被这些民兵的勇敢、顽强的精神深深感动，可心里却在为前线的紧张形势而担心。

7月2日黄昏时分，华盛顿一行风尘仆仆地赶到波士顿的剑桥。夕阳的余晖中，只见街上到处是衣衫褴褛的北美民兵。他们手握各种武器，欢迎华盛顿的到来。欢声如雷，鼓号齐鸣。华盛顿的神情格外庄重和威严。

次日，就职仪式在剑桥的哈佛广场上举行。在一棵大榆树下，华盛顿手握指挥剑，庄严地检阅了长达半英里的民兵队伍，正式就职，担负起保卫美洲独立自由的历史重任。

1775年12月至1776年1月，是波士顿形势最困难的日子。华盛顿忧心如焚，一筹莫展。

“在周围的一切都入睡以后，我一想到我的处境和军队的处境，就一连几个小时心神不宁，无法入睡……我常常想，如果当初我不是在这种情况下接受指挥任务，而是拿起滑膛枪当一名普通士兵的话；或者如果我可以回到偏僻的乡间，在一座小茅屋中生活，又可以问心无愧地向后代和自己的良心交待清楚这样做的理由，那我该比现在愉快多了……既要在英军面前守住阵地达6个月之久，可是又没有火药，接着，先是让一支军队复员，然后又在离敌人同样远的地方（滑膛枪子弹射程以内）重新召募一支军队，而敌人却在不断得到增援……”

面临重重的困难，华盛顿并没有放弃进攻波士顿的想法。如今，形势的发展促使华盛顿做出果断的决定。

华盛顿一直在寻找战机。1776年2月上旬，波士顿一反入冬以来温暖的天气，开始刮起刺骨的寒风，使得波士顿港开始封冻。

亨利·诺克斯上校带领士兵长途跋涉，越过冰封的湖面和白雪皑(ái)皑的原野，用牛群给前线运来了几十门大炮和其他军需品。

2月16日上午，华盛顿召开军事会议，部署了作战方案，决定利用港口封冻的有利时机向英军发起进攻，夺取具有战略意义的道切斯特高地。

10天以后，华盛顿在他下发的动员令中，有这样两句话："自由或奴役将取决于我们的行动，因此，没有比这伟大的动力更能使我们勇敢的了。"

华盛顿提出的作战计划是：由托马斯将军指挥一支部队从正面攻占道切斯特高地；另一支由普特南指挥，兵分两路攻占通向高地的道路，牵制敌军主力。同时，在对高地进攻前，发动猛烈的炮击来麻痹敌人。

3月1日晚上，大陆军开始进行炮击，沉寂多时的波士顿，地动山摇，英军官兵惊恐不已。4日晚上，大陆军担任主攻高地的托马斯部队，在震耳欲聋的炮声中悄悄地向道切斯特高地进军，300辆满载建筑材料的小车迅速驶往高地，士兵们用铁锹开路，把大炮运上山去。

此时还是冬天，地面冻得非常坚硬，每一镐下去，都要费很大的力气才能把地刨开。可士兵们却不顾寒冷，热火朝天地干了起来。华盛顿也亲自来到高地进行监督。

而这时的英军，除了打炮的那些士兵，其余的不是已经

进入了梦乡，就是在饮酒作乐。

第二天早晨10时左右，两个大堡垒已经在华盛顿他们手上构筑完成，高高地矗立在道切斯特高地上。当英军在黎明的曙光中看到了突然出现的堡垒时，不禁目瞪口呆。英军总指挥豪将军更是不胜惊讶，"叛军一夜之间完成的工作量，比所有英军一个月所完成的工作量还要多。"

战事相当顺利。大陆军迅速占领了道切斯特高地，波士顿的英军包括停泊在海湾的英舰都处在大陆军的火力圈内，情势十分紧张。

英军司令警告豪将军：如果华盛顿继续占领高地，他的舰队将有被击沉的危险。豪将军决定于3月5日发动反攻。可是天不作美。那天暴风乍起，大雨倾盆，英军反攻受挫。

6日，大暴雨还在不停地下。大陆军的炮弹接连不断地射向英军阵地，英军慌作一团。豪将军迫于无奈，于3月7日做出撤出波士顿的决定。

3月17日上午10点左右，豪将军率6000名英军撤出阵地。他们匆匆赶往港口，登上舰只，悻(xing)悻地逃离波士顿。

在目睹了英军匆匆撤离时留下的残迹后，华盛顿激动不已地写道："豪将军撤退时，如此仓皇，实在出乎我的意料……你看这里是一堆被捣毁的战车，那里是一堆炮架；这里是被砸烂的枪弹壳，那里是仓促掩埋起来的弹丸；处处都留下丢盔弃甲、惊慌万状、狼狈不堪的迹象。"

在英军仓皇撤退时，大陆军从道切斯特高地的炮台中默默地注视着，没有发一枪一炮。

一位英国军官写道："对于留在波士顿的居民来说，他

们没有发炮真是一件幸事，因为我现在才知道，当时我军已做好了一切准备，一旦大陆军开炮，就纵火焚烧波士顿。"

波士顿的光复无疑是一场鼓舞人心的巨大胜利。

第二天，华盛顿本人进入市区，受到市民的热烈欢迎。

大陆军在人们的一片欢呼声中雄赳赳地进入波士顿。被英军围困达8个月之久的波士顿又拨开乌云重见天日。

华盛顿在整个这场艰苦的围城战役中战功卓著，他那运筹帷幄、驾驭全军的才能赢得了全国人民和全大陆军的热烈称赞。

根据约翰·亚当斯的提议，大陆会议一致通过决议向他表示感谢，并下令铸造印有波士顿解放者华盛顿肖像的金质奖章，以纪念英军撤离波士顿的事件。

第四章

美利坚独立

✷《独立宣言》✷

解除波士顿之围后，华盛顿马上向纽约进军。因为，有一批英舰驶离波士顿后，并没有返回英国，而是在加拿大落脚，准备反攻。华盛顿推测，英军进攻纽约的可能性最大。

纽约位于哈德逊河入海口的一个细长半岛上。没有海军的美军，经常暴露在敌舰的炮火射程之内；同时，也随时可能被从哈德逊河上游登陆的敌军切断后路。所以，纽约是最危险的一个地区。

可是，形势尽管危险，纽约却是非死守不可的。如果纽约陷落，哈德逊河落入英军之手，北美的13个州将被切成两段！

华盛顿把他的总司令部设在半岛尖端的曼哈顿，同时，在对岸的布鲁克林修建一座要塞，以加强防备。

随着军事上的进展，在政治上北美人民已斩钉截铁地把"独立"二字写在他们自己的战旗上，"为独立而战"已成为他们响亮的口号。

1776年1月10日，代表这种时代最强音的民主主义者托马斯·潘恩以满腔的革命激情和惊人的胆魄提出了"独立"的要求，为北美人民的革命斗争注入了一种新的活力。他以慑人心魄的笔调指出：过去，北美殖民地人民曾天真地向英国国王和政府请愿、陈情。现在，这一切都已经像"美梦"般地成为过去。"论战已经结束了，作为最后手段的武力决定着这场争执！""被杀死的人的鲜血和造化的啜泣声在喊着：现在是分手的时候了。""既然只有抵抗才有效力，那

么为了上帝，就让我们达到最后的独立！"

当时仍在波士顿指挥作战的华盛顿，一口气读完了这本小册子，激动不已。他在日记中写道："大不列颠的大臣们应该知道，不论是花言巧语的声明或假仁假义的许诺，都骗不了我，我也不会对那些毫无意义的建议发生兴趣。我要用明白无误、斩钉截铁的语言宣布我们所受到的委屈以及要求纠正的决心。我要告诉他们，我们已经忍无可忍，我们曾经长时间地热心地希望在光辉的条件下和解，但我们遭到了拒绝，我们为和平所做的一切努力均已失败，并且被恶意歪曲；我们已经做到了良臣们所能做到的一切；告诉他们，我们自由的精神已在沸腾，不能再屈服于奴役；告诉他们，如果没有别的东西能使一个暴君及其恶魔似的内阁满意的话，我们将决心与这个不仁不义的政府一刀两断。我们要用光明正大的语言，而不是用躲躲闪闪的语句把一切告诉他们。"

> ◎内阁：原意为"内室"或"密议室"。通常为立宪制国家中央政府的名称。内阁最初始于英国，内阁首相就是政府首脑，由元首任命。

北美人民"独立"的呼声日益高涨，犹如滔滔不绝的洪流。以致塞缪尔·亚当斯在敦促大陆会议赶快就"独立"问题做出明确的决定时指出："现在人民已走在你们的前面，防止不和与涣散的唯一办法是趁热打铁，人民的热血已经沸腾，不能再延误时间了。"

1776年7月2日，大陆会议经过认真讨论，最后通过决议：联合殖民地宣布独立"成为自由独立的国家"。为了

起草《独立宣言》，会议提名托马斯·杰斐逊、约翰·亚当斯、本杰明·富兰克林、罗杰·谢尔曼和罗伯特·利文斯顿5人组成一个委员会。

◎《独立宣言》：在人类历史上第一次以政治纲领的形式提出了如下原则：人人生而平等、人具有不可剥夺的生命、自由和追求幸福的权利，以及政府必须经人民的同意而组成，应为人民幸福和保障人民权利而存在，人民有权起来革命以推翻不履行职责的政府。这些原则成为以后美国的意识形态，为美国此后二百多年的发展奠定了思想基础。

4日，由杰斐逊执笔的历史性文件——《独立宣言》，经过热烈讨论获得代表们的一致通过。

《独立宣言》以人权思想为指导，庄严宣告美利坚合众国的诞生，宣言的发表也是北美人民长期斗争的结果。

《独立宣言》在7月8日正式向人民宣告。那天，费城响起洪亮的自由钟声，礼炮轰鸣，人们欢呼着奔走相告。

次日，在纽约的华盛顿收到了大陆会议送来的独立宣言的副本和命令——"在全军面前，以你最合适的方式予以宣布。"

华盛顿拥护《独立宣言》，并且决定当天晚上就向官兵宣读。

宣言的发表大大地鼓舞了军民们的斗志，得到了他们的衷心拥护。

士兵们斗志昂扬意气风发。他们把要塞面前象征英国统治的一尊乔治三世的塑像推倒，还将它熔铸成子弹，供大陆

军使用。

《独立宣言》的发表标志着北美人民的抗英斗争进入了一个崭新阶段。

后来，这一天就成了美国举国同庆的独立节。

约翰·亚当斯说："这一天，将是美国历史上最值得纪念的日子。我认为，我们的子孙后代会把这一天当做重大的纪念日子予以庆祝……"

大撤退

1776年7月12日，也就是《独立宣言》公布后的第4天，英军就向北美殖民地采取了新的攻势、豪将军的弟弟统率着一支英国海军舰队耀武扬威地驶进哈得逊湾、直逼纽约而来……

原来，英军从波士顿撤退以后就开往加拿大的哈利法克斯港重整旗鼓。不到3个月，英军的兵力很快扩充到三万多人，外加一支海军。

因此，无论在军队的数量上还是武器装备的质量上，英军都远远胜过北美的大陆军。豪将军企图凭借军事上的优势，一举夺下纽约和哈得逊河谷地，逼迫势单力薄的大陆军与英军决战，全歼华盛顿的军队，速战速决。

此番豪将军采用了先礼后兵的战术，他派出副官长帕特森上校前来会见华盛顿将军。

华盛顿按照正式军礼在司令部相当隆重地接见了英军的

副官长。周围站立着华盛顿手下的军官和卫兵。

帕特森带来了豪将军写给华盛顿的信函，在函件上豪将军故意只写"乔治·华盛顿先生"，以表示他们根本不承认殖民地的独立和大陆军的存在。信中说，大陆军只要停止"叛乱"和恢复"秩序"，就能得到英王的宽恕。对这个原则问题华盛顿根本就不能接受，也不可能接受。他讥讽所谓的宽恕，说："没有过失的人是无须宽恕的。"

诱降不成，英军就直取纽约。华盛顿清楚地知道，仅仅一万多人的大陆军是无法抵御三万多英军的，但为执行大陆会议关于保卫纽约的决定还是要积极备战的。

他一方面动员士兵为保卫自由独立而战，另一方面组织老、弱、病、残和儿童妇女撤出纽约。在军事部署上，大陆军主力被调往纽约的布鲁克林高地，这是一片从东北伸向西南的孤立高地。

一些将领误将它比做波士顿的道切斯特高地，以为只要守住这一高地，纽约就可以高枕无忧了。其实这是错误的想法，军队集中在布鲁克林，万一被敌人围困就难以撤退了，很可能成为瓮中之鳖。

果然不出所料，英军做出了围歼大陆军的部署。8月26日晚9时左右，亨利·克林顿爵士率领一支先锋队从弗拉特多出发；白西勋爵率兵随后挺进，构成中路；康沃利斯勋爵带着重炮殿后；豪将军随着这支部队指挥战斗。

27日凌晨，惨烈的战斗开始了。英军发起总攻，重创大陆军、死伤和被俘者将近两千人，高级将领沙利文将军也成了英军的俘虏。

华盛顿从司令部匆匆赶到前线，怀着悲怆的心情眺望远方，只见英军营帐黑压压一片，好像层层乌云压在他的心头，使他透不过气来，"天啊！我今天要损失一些多么勇敢的弟兄啊！"

　　28日，天空乌云密布，天刚放亮就下起雨来，而出乎华盛顿和大陆军意料的是，当晚英军竟没有发动进攻。要不然，大陆军的命运可真是不堪设想。

　　29日，长岛大雾弥漫，白茫茫一片。英国军舰已停泊在纽约湾附近的水面上，一场短兵相接、殊死拼杀的战斗即将来临，形势万分危急，华盛顿立即召开会议，商量对策。

　　在此情况下，华盛顿和他的将军们决定当天晚上就突围撤离纽约。大陆军成败在此一举，因为英军已经形成陆上和海上对大陆军的严密包围。

　　这次撤退必须严格保密，因为这几千名战士需要带着全部武装弹药，从一支胜利的敌军面前撤走。而这支敌军的营地就近在咫尺，连他们在战壕里的铁锹和镐头的每一声响动都听得清清楚楚。此外，撤退还要乘船渡过一条有将近一英里宽，水流又十分湍急的海峡。只要他们稍有差错，敌人就会立即猛扑过来，造成一片混乱和被全歼的可怕景象。

　　晚上8点左右，华盛顿已将搜集到的所有船只集中起来，接着下达命令，要全体将士做好撤退的准备。

　　当夜深人静之时，华盛顿果断命令突围，士兵们纷纷登舟驶向对岸，但狂风掀起的巨浪将船只打得难以航行，华盛顿心急如焚。幸好不久风势渐弱，给大陆军提供了一个千载难逢的良机。将士们趁机加速行动。

经过整整一夜的奋斗，大部队终于在拂晓前安全撤退到对岸。

最后，担任掩护任务的部队也登船离岸，华盛顿的部队绝路逢生，转危为安。

华盛顿在军队安然摆脱危险处境以前的48小时里，几乎没有合过眼，而且大半时间是在马上度过的。在渡口，有人一再恳请华盛顿上船过河，但是他坚决不肯。等到所有的部队都登上了船，他才乘最后一艘船渡过河去。

大陆军悄然从英军的眼皮子底下突围成功，使第二天一大早醒来的豪将军大吃一惊，他一点也没料到，布鲁克林高地上的大陆兵会奇迹般的一夜之间消失得无影无踪。

这时，华盛顿已带领部队据守在纽约曼哈顿高地上。长岛之战的失败使华盛顿识破了敌人的阴谋，英军的战略意图是——千方百计诱逼大陆军在力量对比悬殊的条件下与英军决战，将大陆军一举全歼或分批消灭。

华盛顿终于找到了一条对付英军的正确途径。他得出

了重要结论：“即我方应采取防御战，而避免采取大规模行动。”他认为，“把我们刚刚成立的部队调到开阔地，与在数目上和素质上都占优势的敌军对战，只能是自取灭亡。”

华盛顿根据英强美弱的局势，总结了长岛之战的经验教训，提出了防御战略，尽力避免同英军决战的主张是十分明智、正确的。有的军事专家因此称赞华盛顿是“一位杰出的战略家”。

但是，他的正确主张在当时并没有被大家所理解和接受。华盛顿主张为避免同英军在纽约决战，大陆军必须放弃纽约，但大部分军官却主张固守纽约城。

直到1776年9月10日，大陆会议授权由华盛顿处理纽约问题，他才力排众议，坚持撤出纽约。

英军在占领纽约市后穷追不舍。10月下旬，大陆军按华盛顿的命令且战且退，从哈连姆高地退到新泽西的白原。当英军追击到白原时，大陆军又拔营南撤到北卡斯特尔。这时突降大雨，双方出现短暂的沉寂。

11月初，英军开始急速调动，华盛顿分析形势，认为英军可能进攻哈得逊河畔的华盛顿堡，立即命令驻守该堡的格林将军撤出阵地，立即转移。但格林没有执行命令，结果在英军的进攻中，使3000名士兵被迫投降，既失了地，又丢了人。格林在失败中认识到“防御”战略和保存实力的重要性。

几天以后，英军又逼近华盛顿部队，华盛顿向东南撤退到纽华克，避开敌军之锋芒。

11月28日，英将康华利赶到纽华克，华盛顿已退到不伦瑞克。

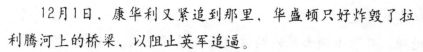

12月1日，康华利又紧追到那里，华盛顿只好炸毁了拉利腾河上的桥梁，以阻止英军追逼。

7日和8日，华盛顿退到特伦顿，并调集了那里上下渡口的所有船只，率军渡过特拉华河。紧追不舍的康华利占领特伦顿后，因找不到船只，只得按兵不动，同华盛顿隔河对峙。

对于华盛顿的防御战略，有的军事史专家将它喻为"费边"式的撤退，这是很恰当的。费边·马克西姆斯是公元前3世纪的古罗马的军事统帅和政治家，他在战争中，对入侵者采用消耗战略，吸引敌军进入群山之中，然后派出军队，不断骚扰他们，为罗马争得时间，恢复力量，最后发动反攻获得全胜。

华盛顿的"费边"式退却，从纽约长岛一直退到特拉华河畔，历时三个多月。虽然付出了高昂的代价，但却成功地粉碎了英军速战速决全歼大陆军的战略意图。

◎ "费边"式：在中国战争史中，毛泽东又将这一军事思想发挥到极致，即有名的游击战战术，它的指导原则就是"敌进我退，敌驻我扰，敌疲我打，敌退我追"。

✹ 特伦顿战役 ✹

1776年12月2日，华盛顿率众渡过特拉华河，躲藏在宾夕法尼亚。

康华利将军率部驻守在特伦顿，与特拉华河西岸的华盛

顿部队，进入了对峙状态。不久，援军豪将军也匆匆赶到特伦顿，妄图率领大队人马渡河与华盛顿决战。但是，特拉华河水深浪大，所有大小船只又被大陆军搜寻一空，特拉华河成了保护华盛顿的天然屏障。豪将军和康华利面对滔滔的河水和凛冽刺骨的寒风，不得不改变初衷，重作打算。

商议结果是，决定等特拉华河封冻以后，再渡河决战，肯定会胜券在握。

1776年12月13日，豪将军停止军事行动，与康华利率领大部队打道回府，只留下拉尔上校率领一个团的兵力和一支英国轻骑队。

12月21日，拉尔派一名军官带队去特拉华河畔观察，见对岸华盛顿军没有什么动静，于是他认为可以高枕无忧了，只在特伦顿周围布置了一些岗哨，就欢天喜地地准备欢度即将来临的圣诞节了。

华盛顿主张防御战略，但不是纯粹消极地防御，一时期以来，他一直在酝酿一个奇袭敌人的计划。

华盛顿在获得特伦顿英军只留守一千多人的情报后，果断决定趁敌之虚，狠狠打一场漂亮的突袭战！时间就定在1776年12月25日的晚上，即圣诞节之夜！

12月25日傍晚，特伦顿镇上飘扬着悦耳的音乐声，那是驻扎在那儿的英军在庆祝圣诞节。特拉华河畔，寒风怒号，大雪纷飞。

这天黄昏，华盛顿果断下令："出击！"将士们争先恐后地登上大船，特拉华河面上数百条船一起向对岸驶去。在湍急的激流中，船工们沉着驾船，同狂风、暴雪、恶浪搏

斗，士兵们的衣服被雪片浪花打湿，经寒风一吹都硬邦邦的如盔甲一般。

华盛顿伫立船头，狂风把他的军大衣吹得啪啪作响，他凝视着前方，耳闻风声、涛声，心中悬挂着即将来临的战斗。这是一次关系大陆军声誉的战斗！这是北美革命军大撤退以来向敌人发起的第一次主动进攻！

气候恶劣，风急浪大，大陆军渡河的速度非常缓慢。运送军火的船只在次日凌晨3点才到达对岸，全体将士于4点钟在东岸登陆。

从岸边到特伦顿还有9英里路程，要是天亮前赶不到那里，就会被敌人发现，突袭计划就会失败，导致前功尽弃。华盛顿不等军火全部卸完，就命令部队分两路向特伦顿急行军。

在茫茫的黑夜里，大陆军战士穿着单薄破烂不整的衣服在雪地上行进，寒风阵阵刺人肌骨，难以忍受的饥饿、瞌睡折磨着他们……但他们牢记着战斗口号："不自由，毋宁死！"不停地向前进发。

上午8点多，天色大亮。大陆军终于到达特伦顿的近郊，在当地民众的帮助下，他们很快接近了敌人的营地。

华盛顿身先士卒，骑马冲入特伦顿主街，下令向英军开火，并指挥士兵首先夺取了英军的大炮阵地。士兵们奋不顾身地冲向英军，高呼："冲啊！为了美利坚而战！"

华盛顿又命令另一支队伍向敌营侧面包抄而上，形成钳形攻势。

睡梦中的敌军在大炮声中醒来，顿时陷入一片混乱之中，许多人没穿衣服就慌慌张张地去拿枪。

拉尔上校一时间被美军的奇袭打得晕头转向，他急问手下，到底有多少敌人？得到的答复是："四周全是敌人，市镇很快就要四面受围。"于是，这位上校赶紧集合惊恐万状、乱作一团的部下，打算向普林斯顿撤退。但是，这位容易冲动的上校一想到在屡屡败于自己手下的叛军面前逃跑，就觉得不能容忍。他轻率地改变了主意，率部调头重新扑向刚刚突围出来的特伦顿，从而失去了撤退的良机。正当他骑马飞奔时，迎面而来的枪弹将他击落马下。

拉尔的指挥刀被交到华盛顿手中，华盛顿拿过刀反复察看，心情万分激动，特伦顿的战斗取得了辉煌的胜利。

他兴奋地告诉将士们说："对于我们的祖国，这是一个光荣的日子。"

特伦顿战役取得了辉煌的战果，大陆军击毙敌人22人，俘敌948人，而大陆军只死伤7人。其中一位伤员就是后来美国历史上的第五任总统詹姆斯·门罗。

大陆军缴获了大量枪炮、装备和补给。突然间，这支衣衫褴褛，溃不成军的部队重又获得了战斗力。

华盛顿把参加这次战斗的士兵的英勇事迹，向大陆会议做了汇报。在这场战斗中，官兵们的英勇表现为他们自己赢得了最高的荣誉。

寒夜渡河的艰难困苦，暴风雪中的夜行军，丝毫不能动摇他们的斗志，而在冲锋时，他们又无不争先恐后，奋勇向前。这次战役的胜利是在大陆军连连退却、士气低落的危机时刻取得的，使人心为之振奋。

华盛顿夜袭特伦顿的胜利消息很快传遍北美的大西洋沿

岸，英军不可战胜的神话破灭了，殖民地人民为了争取自由独立，纷纷要求从军参战。

这次胜利使大陆军稳定了战局，并证明了华盛顿采取的"分而治之，各个击破"的战术是无比正确英明的。胜利面前不骄傲。在一片赞扬声中，华盛顿仍保持着清醒的头脑，依然坚持他的防御战略。为了保存实力，他又主动放弃了特伦顿，把队伍带回宾夕法尼亚境内，以利再战。

普林斯顿战役

英国军队在特伦顿被华盛顿全歼的消息使豪将军怒不可遏，他立即取消了康华利回国休假的决定，命令他火速率部队去特伦顿同大陆军决一死战。

而大陆军这边，却面临着士兵服役期满的问题。当时，几个作战经验丰富的团队在年底届满，士兵由于疲乏不堪，历尽艰苦，给（jǐ）养奇缺，已经十分憔悴，十分渴望回家。这对于兵力本来不足的华盛顿来说，无疑是一个巨大的打击。为此，他一方面向费城富豪借款，向愿意超期服役的士兵发放奖金；另一方面向那些服役期已满的士兵发表感人肺腑的演说："勇敢的伙计们，你们已经尽了自己的职责。但是，你们的国家仍然处于危险之中，你们的妻儿，你们的房屋，你们所钟爱的一切依然在危险之中。你们已经因劳累和困苦而精疲力竭，然而我恳切地希望，你们能坚持下来，为自由的事业和你们的祖国服务，因为目前正是决定我们命

运的关键时刻！"

士兵们纷纷为华盛顿的肺腑之言所感动。终于，一个，两个，三个，越来越多的人站出队列，愿意继续服役。

在这个艰难时刻，大陆会议毅然做出决定，授予华盛顿相当独断的军权，以保证战争的胜利。为了感谢大陆会议对自己的信任，在答谢信中，华盛顿表现出他的高贵品质，他写道："承蒙大陆会议把军事职责最高和无限的权利授予我，为此我深感荣幸。我绝不认为，由于大陆会议信任我，我就可以不履行一切公民义务；相反，我要时刻牢记：由于刀剑只是维护我们自由权利不得已的手段，一旦我们的自由权利牢牢确立，首先丢在一边的就是刀剑。"

不久，华盛顿从抓获的俘虏那里获得了重要的情报。英将康华利已在前一天带着一支由精兵组成的援军赶到普林斯顿，和格兰特将军会师。他们现在有8000人，正在征集车

辆，准备向特伦顿进军。

华盛顿立刻决定，把部队从特伦顿撤出，布置在通向普林斯顿的大道两侧的丛林中。

英将康华利无心欢庆新年的到来，匆匆率领英军在通向特伦顿的路上行进，日夜兼程，马不停蹄。

1777年1月2日清晨，康华利的大队人马终于抵达特伦顿。经过一番考虑，他下令在阿森平克河边扎营，监视对岸的华盛顿部队的行动。他又派出小股部队偷渡阿森平克河，但大陆军的猛烈炮火使他的偷渡未能得逞。

最后他决定：第二天早晨守卫普林斯顿的英军和这里的部队从两个方向同时夹击华盛顿，置大陆军于死地。

大陆军处境非常危险，华盛顿立即召开军事会议分析形势：特伦顿有七千多敌人，普林斯顿也有三个团的兵力，要是南北合围，大陆军将要腹背受敌，必败无疑。经过再三考虑，华盛顿做出了惊人的决定。

通过急速的夜行军去奇袭留在普林斯顿的敌军，夺取或摧毁那里的军需储备。避敌之实而攻敌之虚，这样不仅可以摆脱困境，化险为夷，而且可化被动为主动，转败为胜。

但是，实现此项军事计划的关键是不能让康华利知道大陆军的意图，要不然他在当晚就会发起攻击。为此，华盛顿组织士兵在阵前燃起熊熊篝火，佯装挖筑工事，加固阵地，故意让英军目击耳闻，以为对岸的大陆军正忙于准备明天的战斗。

华盛顿的这个招术非常见效，情报很快就传到康华利的耳里，他信以为真，放心大胆地在营帐里睡起安稳觉来。

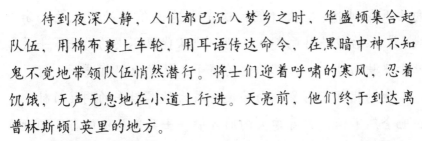

待到夜深人静，人们都已沉入梦乡之时，华盛顿集合起队伍，用棉布裹上车轮，用耳语传达命令，在黑暗中神不知鬼不觉地带领队伍悄然潜行。将士们迎着呼啸的寒风，忍着饥饿，无声无息地在小道上行进。天亮前，他们终于到达离普林斯顿1英里的地方。

巧的是，这时普林斯顿的三团英军正根据康华利的布置整装集合，准备南下夹击华盛顿部队。其中毛霍德的一团人马走在前头，遥遥领先。

此时大陆军的先头部队在麦西带领下往北挺进，突然与英军毛霍德的部队迎头碰上，双方立即展开了一场激烈的搏斗战。麦西骑着一匹灰马在战场上驰骋。突然，英勇的灰马腿上中了一颗子弹，把麦西掀下马来。麦西爬起来用指挥刀自卫，但是敌人已把他团团围住，用刺刀反复刺他，直到认为他已经死去时才离开。此时的大陆军先头部队是群龙无首，队伍顿时混乱不支。

在这危急时刻，华盛顿骑着白马冲到队伍最前面援救麦西。

华盛顿骑在高大显眼的白马上，冒着英军的炮火，疾驰向前，指挥战斗。副官查德·菲茨杰拉德上校一度在弥漫的硝烟中无法找到华盛顿的身影，他把马缰绳撂在马脖子上，把帽檐拉得盖住眉心，满心绝望，以为华盛顿已经完了。后来，当硝烟散去，正挥舞着指挥刀指挥战斗的华盛顿再次出现在他面前时，这位副官赶紧纵马跃到他的身旁，激动地说："感谢上帝，阁下安然无恙！"

华盛顿却说："去，亲爱的上校，赶快把部队拉上来。胜利是属于我们的！"接着，他拿出当年猎狐时的劲头，

向士兵们喊道:"伙计们,这是个追逐狐狸的好玩儿的游戏。"然后策马扑向英军,他一边从犹豫不决的大陆军士兵身旁飞驶而过,一边挥动他的帽子,鼓励他们前进。

他的指挥官形象和白马使他成为敌军射手的明显目标,但他全然不顾,冒着炮火向前奔驰。士兵们从他的奋不顾身中吸取了力量,与此同时,弗吉尼亚第7团也从树林里蜂拥而出,两路人马大声欢呼着,共同向前推进。

半个多小时的激战,毛霍德的部队被打得四散逃窜。前来助战的大陆军沙利文将军的部队与其余两团英军也展开了战斗,取得了胜利。汉密尔顿与一队学生军攻占了普林斯顿大学。在整个战役中,大陆军毙敌百余人,俘敌三百多人,大获全胜。

就在华盛顿军队向普林斯顿进发的时候,英将康华利和他的将士们还在睡梦里。天大亮后,康华利才发现对岸大陆军阵地已空无一人,那只美国"狐狸"又一次从他眼皮底下溜走了。他大为恼火,惊讶和懊悔达到了无以复加的地步!

他根据传来的枪炮声断定华盛顿在普林斯顿方向,于是火速率领数千名士兵追击,可是通向普林斯顿的桥梁已被大陆军炸毁,他们只好绕道而行。当英军赶到目的地时,大陆军早已无影无踪了。除了普林斯顿一座空镇外,别无他物。康华利气得七窍生烟。

普林斯顿战役的胜利是因为华盛顿的决策正确,当然也离不开大陆军战士的牺牲精神。他们整晚没有合过眼,饿着肚子同英军厮杀,甚至赤着脚在雪地上行军。

这次辉煌的战役,英军遗尸一百多具,近三百人被俘,

其中14人是军官。大陆军方面的损失是大约二十名士兵和12名军官。最大的损失是失去了麦西将军。

夜袭特伦顿和巧攻普林斯顿两次战役的胜利，像漫漫长夜中的光亮，给北美大陆人民以胜利的希望，部分地改变了战争的形势，扭转了战局。

通过这两场战役，华盛顿的伟大品质和卓越才干为国人所充分了解，他在北美政治与军事领域中的领导地位得以确立。他从欧洲的政治家和将领那里得到了"美利坚的费边"这一光荣称号。

◎普鲁士：是欧洲历史地名，一般指17世纪至19世纪间的普鲁士王国。由于普鲁士在短短200年内崛起并统一德国，建立了德意志第二帝国，所以普鲁士有时也是德国近代精神、文化的代名词。

◎腓特烈二世：历史上有两个腓特烈二世，一个生活在13世纪，本文所指的是生活在18世纪著名的腓特烈大帝。他统治时期普鲁士军事大规模发展，领土扩张，文化艺术得到赞助，使普鲁士在德意志取得霸权。他是欧洲历史上最伟大的名将之一，并且多才多艺。

战争的胜利使华盛顿威名远扬，普鲁士国王腓（féi）特烈二世誉称华盛顿这两次战役是"军事编年史上最光荣的成就"。后来，他派人给华盛顿送去一幅自

己的肖像画，像上还题有"欧洲最年长的将军致世界上最伟大的将军"的亲笔字。

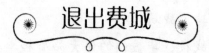

退出费城

普林斯顿战役结束之后，整个殖民地的人们都赞扬他为乔治·华盛顿将军。人们真的有理由对未来抱有希望。

但华盛顿知道，美国革命仍然任重而道远。

不久，华盛顿就带领队伍去莫里斯顿休整。这是一个风景秀美的小镇，坐落在山谷之中，四周有险峻的高山和密林环绕。队伍开往莫里斯顿的途中，不少士兵边走边睡，有的竟走着走着不由自主地倒在路上睡了过去。

华盛顿在莫里斯顿进行休整期间，加紧大陆军的正规化建设。为了防止士兵出现恶习，他在发给旅长们的一项通知中写道："要在你的旅里严禁一切恶习和不道德行为。每个团都要配备一名随军牧师。务请督促士兵们经常参加礼拜活动。各种赌博都要明文禁止，因为赌博是邪恶的基础，也是许多英勇善战的军官毁灭的原因。"

他知人善任，唯才是举，一批富有才干的军士被大胆提拔到更高的领导岗位上。年仅20岁的亚历山大·汉密尔顿由于自己非凡的才智，被提拔为总司令的上校副官。

在华盛顿的建议下，大陆会议同意他征募16个步兵团、3000名轻骑兵、3个炮兵团和1个工兵团。募兵期为3年或整个战争期间。

可以这样说，莫里斯顿的休整是华盛顿创建正规军的重要开端。

冬去春来，经过整顿的大陆军准备投入新的战斗！

1777年5月底，美军在几个月的休整后开始离开风景如画的莫里斯城冬营，转移到距英军据点不伦瑞克不到10英里的米德尔布鲁克安营扎寨。

6月初，豪将军抛下纽约安逸、欢乐、奢侈的生活，亲率8000名英军，进驻不伦瑞克。豪将军这次前来的主要目的是，表面上是向费城进军，实则是引诱他谨慎的敌手下山与其决战。

6月13日夜，豪将军统率英军从不伦瑞克出发，看样子仿佛要直接向特拉华河推进。但先头部队在出行八九英里后便停顿下来。华盛顿对敌人违反常规的举动疑虑重重，真的是向费城进军？还是诱敌之计呢？在这种扑朔迷离的情况下，他决定暂时按兵不动、继续观察。如此数日，豪将军甚至派出几支小股部队佯装强渡特拉华河。但华盛顿已经识破了敌人的诡计，始终不为所动。

19日，豪将军见诱敌不成，突然拔营假装仓促返回不伦瑞克。但华盛顿仍只派出小股部队尾随于敌后，主力部队坚守原地不动。22日，豪将军再次命令英军开出不伦瑞克。这次他采用了激将法。为了激怒美军，一路之上，他下令英军烧杀抢掠。然而华盛顿仍只派出小股部队骚扰英军。豪将军已是黔驴技穷，干脆命令英军准备渡海向斯塔腾岛撤退。

6月24日，华盛顿见英军摆出撤离新泽西之势，才命令主力部队向英军方向推进。此刻，狡猾的豪将军赶快杀出回

马枪。所幸的是，华盛顿及时识破了其计谋，并将主力部队重新撤回到布防的米德尔布鲁克高地。

6月30日，一无所获的豪将军沮丧地将他的司令部撤到斯塔腾岛上，自己由水路返回纽约。

尽管屡次寻找美军决战而未达到目的，豪将军对此仍不死心。这次他要以费城为诱饵，逼迫华盛顿出来决战。他认为，尽管华盛顿可以不从莫里斯城外的米德尔布鲁克高地上下来，但其决不能对费城坐视不管。豪将军相信，通过占领这座美国的临时首都和最大城市，可以使反叛者们在心理上受到沉重打击，从此一蹶不振。

1777年7月24日，豪将军率领英军向费城进发。

费城是大陆会议的所在地，是当时北美殖民地各州的政治中心。

大陆会议的代表们听说英军南下攻打费城，惊愕不已，特邀华盛顿进城共商大事。

由于费城有很多人对独立事业不满，为了长自己的志

气，灭敌人的威风，华盛顿命令全军在市内游行示威。

为了使这次示威尽可能威武雄壮，他事先煞费苦心地做了充分准备。全体官兵都全副武装，而且必须保持队列整齐，随着每一个旅中央传来的军鼓声和军笛声，步伐一致地向前行。

华盛顿骑着高头大马，在许多参谋人员陪同下，走在队伍的最前头。举着战斧的先锋部队，分成师旅行进的长长的大陆军队伍，一队队的骑兵，长长的大炮行列，马蹄的嗒嗒声，嘹亮的喇叭声，振奋人心的军鼓声和军笛声，全都给一个不常看见大军集结景象的和平城市，留下了深刻的印象。革命党人从这一景象中获得新的希望和鼓舞，他们在爱国队伍经过时，都鼓掌欢呼。

　　武装游行之后，华盛顿又率领部队奔赴前线。

　　9月8日，华盛顿率领大陆军渡过布兰得温河，主动迎战豪将军的部队，但是由于缺乏对敌情的全面了解导致指挥失误造成失败，英军死伤六百余人，大陆军损失1100人。

　　大陆会议听到了大陆军战败的消息，强烈要求华盛顿赶快组织兵力到费城修筑工事保卫城市。但是，华盛顿还是坚持他自己的战略思想。

　　9月13日，他在给大陆会议主席的信中解释说，如果他无法在战场上击败豪将军，那么，对费城进行防卫就毫无必要；如果他无法击败豪将军，那么，在费城修筑工事的时间和劳动就会白白浪费。因为这些工事迟早会落到占优势的英军手中，到那时，这些工事将反过来转而对付美国人。他认为，为了保卫费城而同敌人决战是一种冒险，撤出费城歼灭敌人有生力量才是明智的选择。

　　大陆会议经过郑重考虑，接受了华盛顿的建议，决定迁都。迁都那天，费城人民首次把自由钟秘藏起来，以免落入敌手。华盛顿又令汉密尔顿立即赶赴费城征集军需品和转移马匹。

华盛顿
HUA SHENG DUN

9月26日，豪将军派康华利率领部分军队进驻费城，英国军队入城后趾高气扬，不可一世。豪将军本人则率领主力部队驻守费城附近的日耳曼顿。

> ◎自由钟：在费城独立大厅外面，矗立着一座现代化的钟楼，世界最著名的大钟之一——自由钟安放其中。钟面上刻着《圣经》上的名言："向世界所有的人们宣告自由。"自由钟是费城的象征，更是美国自由精神的象征，是美国人的骄傲。它见证了美国早期历史上最重要的事件。

华盛顿得悉英军主力驻扎日耳曼顿的消息后，决定利用英军占领费城之机，再发动一次"特伦顿"式的奇袭，消灭英军的有生力量。为此，他进行了周密的部署，决定兵分四路趁敌不备，从北面突入该镇，往南直捣敌人的司令部。

10月3日晚上7点钟左右，在黑暗中大陆军整装出发，经过14英里的急行军，队伍在天亮前赶到目的地，英军竟一点也没有觉察到。

华盛顿立即向沙利文将军发出命令：

"带队沿街南下。"可是队伍在行进到一所住宅时被敌人发现，宅内的英军凭借坚固的石屋猛烈反击，居高临下从各个窗口向大陆军射出密集的子弹。大陆军士兵冒死夺屋，牺牲惨重，宅邸的大墙上溅满了血迹，75名官兵在激战中为国捐躯。大陆军留下一团兵力继续抢夺这所宅邸，主力迅速南下直逼英军司令部。

这时，日耳曼顿浓雾弥漫，白茫茫一片。大陆军战士还是按计划往南行进。敌人开始溃逃，眼看胜利在望。

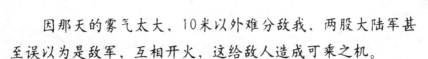

　　因那天的雾气太大，10米以外难分敌我，两股大陆军甚至误以为是敌军，互相开火，这给敌人造成可乘之机。

　　敌军豪将军见大陆军一片混乱，立即率军拼死顽抗，趁大陆军互相搏击之机发动了全面反攻，并转败为胜。

　　大陆军没有取得即将到手的胜利，只好撤退。

　　虽然大陆军在日耳曼顿战役中没有得到预期的胜利，但在血战中，大陆军的士兵和指挥员都经受了严酷的考验，得到了进一步锻炼。

　　一支训练不足的民兵敢于攻打一支强大的正规军，这本身便证明了美军已经成为一支不可轻视的力量。豪将军在受了这次惊吓之后，对华盛顿亦刮目相看。

　　此外，日尔曼顿战役在国际上也产生了影响。法国外交大臣维尔仁原来对是否要冒险与美国结盟一事犹豫不决。

　　在这次战役后，这位外交大臣断言："拉起一支部队，一年之中能提高到这种水平，这已说明了一切。"

　　日耳曼顿战役的另一成果是，由于此役牵制了英军主力，使霍欧将军无法支援在北方被围困的伯戈因将军。

　　伯戈因最后被迫率五千余人退入萨拉托加。大陆军和民兵趁势将伯戈因团团围在城内。10月17日，被围的伯戈因在投降书上签字，五千多英军官兵，乖乖投降。

　　萨拉托加战役的胜利，成了独立战争转败为胜的转折点。华盛顿获悉萨拉托加大捷时，高兴地写信给普特南将军，说："伯戈因将军的失败确为一重大事件，一定使心向我军的每个美洲殖民地人民为之欢欣鼓舞。"

艰辛的伏吉谷

萨拉托加大捷之后，在一旁坐山观虎斗的法国终于与美国缔结了同盟条约。西班牙在法国的影响下，也参加了反英战争。丹麦、瑞典、俄国、普鲁士等则成立了有利于美国的"武装中立"同盟。国际形势越来越有利于美国了。

◎同盟条约大致内容是：法国将帮助合众国取得独立，美国则在法英之间爆发战争时帮助法国作战；任何一方未得另外一方同意，不得单独同英国媾（gòu）和。美国的独立战争从此得到了法国这个欧洲大陆强国作为盟友，胜利有了更多的保障。

寒冷的冬季又要到了，长期艰苦作战，军队极度疲惫，需要休息。华盛顿召开军事会议商讨冬季去哪里休整的问题。

华盛顿最后决定去伏吉谷扎营。伏吉谷位于费城西北20英里外，地势险要、易守难攻，既利于整训军队又便于监视费城的敌人。

1777年12月18日，费城天气阴沉、寒风夹着雪花在空中飞舞，大陆军在华盛顿的指挥下向伏吉谷进发。士兵们顶风冒雪，伛（yǔ）偻（lǚ）着身子，有的身披毛毯，有的

光脚在雪地上行走，他们脚上流出的鲜血滴在了白雪上。

华盛顿披着军大衣，顶着呼啸的寒风缓慢地行进在雪地上，雪花纷纷飘落在他的身上。他注视着大陆军士兵冒雪行军的情景，不由得感叹：这是一支多么伟大的队伍！他们饥寒交迫、衣不遮体、食不果腹，为的是拯救祖国啊！

士兵们来到伏吉谷，没有营房，没有足够的帐篷。他们不顾行军的疲劳，砍树建屋，筑起排排木屋，还用油纸粘贴窗口，用泥土填塞缝隙，以防风雨的袭击。因为没有足够的被服御寒，士兵们不得不露宿帐外，燃起篝火。他们互相依偎在一起，用体温为彼此取暖。烟火熏得人们眼睛红肿发痛。因为没有足够的粮食供应，士兵们只得把少许面粉放在火上烤着吃，常常忍饥挨饿。

周围大片地区已经民穷财尽，好像遭到了抢劫一般。有些地方，居民有粮食和牛群，但是不肯拿出来，而是想运到费城去卖个好价钱。所以，派出去征集粮草的小分队往往空手而归。

华盛顿的日记里有这样的记载："几天来，军营里几乎发生了饥荒。一部分军队已经有一个星期没有吃过任何肉食了，其余部分也有三四天没有肉食了。士兵们饥寒交迫，但是，迄今为止，他们并没有因为受煎熬而大规模哗变和开小差。对于他们这种无与伦比的吃苦精神和忠诚品格，我们钦佩不已。"

关于伏吉谷的艰苦生活，同华盛顿一起到伏吉谷的拉斐特做过如下描述："这些不幸的士兵，他们既没有棉衣、帽子、衬衣，也没有鞋子；他们的腿和脚都冻得发黑，常常只

好截肢！……"

　　一位来自欧洲的志愿人士评论说，这样艰苦的条件，欧洲没有一支军队能维持一个月，而大陆军却在这里度过半年之久。

　　为改善士兵们的生活条件，华盛顿向大陆会议频频告急，批评军需供应中存在的严重问题，甚至不顾情面地指责那些对军队不负责任的人，他说："我可以正告这些先生们，坐在舒服的火炉边，听听别人的责备，要比占领一个荒凉阴冷的山头、无衣无被地睡在冰天雪地之中容易得多，也轻松得多。"

　　此外，华盛顿还请潘恩向大陆会议口头反映伏吉谷的实际情况。经过华盛顿的多方努力和屡屡催促，大陆会议最后决定成立一个专门委员会负责解决伏吉谷冬营的供应。此后，军队的供应开始有所改善。

　　华盛顿在伏吉谷与士兵们同甘共苦，在士兵们搬进木棚以前，他一直住在一间茅屋里，后来才在一间借来的简陋的农舍里设立了司令部。

　　1778年2月，华盛顿的夫人饱经途中的惊吓终于来到了伏吉谷，同华盛顿一起住在又冷又窄的营房，共尝寒冷和粗茶淡饭的艰辛。

　　在伏吉谷的艰苦岁月里，华盛顿抓紧了部队建设，他聘请了普鲁士军事专家施托伊本对大陆军进行军训。华盛顿亲自到距司令部几英里外的地方迎接他。见到施托伊本，华盛顿立即下马迎了上去，紧紧地握住了他的手，连连说："亲爱的将军，欢迎你！欢迎你！"

施托伊本虽然是一位年长的普鲁士著名军事专家，但仍很谦虚地说："很高兴能来参加美利坚人民的独立事业，对将军的军事才能我一直怀有崇高的敬意。"

华盛顿激动地说："我代表全体大陆军将士，对您的到来表示由衷的感谢！"

到了伏吉谷，施托伊本就向华盛顿提出军队一体化的训练计划。在极其艰苦的条件下，他用法文写出一科又一科的教材，实地训练士兵操练，教他们如何快速开枪和使用刺刀等。

后来他编著的步兵训练规程，以《蓝皮书》为名出版并被全军采用，简直成了大陆军的"军事圣经"。

华盛顿在伏吉谷率领大陆军同寒冷、饥饿、死亡作斗争的同时，还要在精神上、心理上忍受难以言表的折磨和打击。

当时，华盛顿带领队伍在伏吉谷整训并没有被人们所理解，不少人主张大陆军应该发动冬季攻势，阻止英军入侵各州。加上社会上还误传华盛顿的军队比敌人多两倍，更激起了人们对华盛顿的不满。另外，出于军事上的考虑，华盛顿还不得不隐瞒大陆军的困难状况，所以，更增加了朋友们对他的误解，招致了不少批评，使他感到万分苦恼。

其实这完全是误解所致，正如有人公正地说："人们怪罪华盛顿是不公正的，实际上，他理应得到最高的赞誉。"

除了朋友的误解，还有来自敌人的暗箭。

英国当局为挑拨大陆会议同华盛顿的关系，不断制造流言飞语、无中生有、捏造事实。

1777年，一本题为《乔治·华盛顿将军1776年致友书》

的小册子在英国伦敦的书店被发现。该书的序言写道：费城失守、大陆军撤退时，华盛顿的一名仆人发现了这些将军的信函。书中还出现了华盛顿自己的亲笔签名。

英国当局企图通过这些伪造的信件诬陷华盛顿。华盛顿获知以后，愤怒至极，他一针见血地揭露说："除了其他的阴谋诡计以外，他们还干着伪造文件的勾当，并且作为被他们截获了我的信件予以公布，来证明我是现行措施的敌人，证明我虽一步步地被迫采取那些措施，还在希望大陆会议撤回现在的要求。"

他还当即写信给大陆会议，要求揭穿英国当局的阴谋。

寒冷的伏吉谷使大陆军全体将士得到了锤炼，他们向祖国呈献了一片赤诚的爱国之心。

错失战机

1778年4月30日，华盛顿在伏吉谷接到朋友来信，知道了法国承认美国独立并与美国结盟的消息。

他立即召开军官会议，把好消息告诉大家，说："美法结盟是一个决定性的时刻，是美洲殖民地所经历过的最重要的时刻之一。"他顿了一下，继续说："这种联盟必将给我国带来最持久的利益。我提议立即召开庆祝大会。"

5月6日，伏吉谷军营举行了隆重的庆祝活动和盛大的阅兵式。

当华盛顿出现时，整个队伍沸腾起来，士兵们尽情高

呼："祖国万岁！""美法联盟万岁！"士兵们把帽子抛向空中，他们相互拥抱。

华盛顿热情洋溢地讲了话。有人注意到自独立战争以来，从未见过华盛顿这样高兴过。

英国政府一方面派遣和谈委员到美国表示和平；另一方面却又调兵遣将进行新的军事部署，决定由亨利·克林顿将军接替豪将军。

1778年5月10日，克林顿来到费城，接替豪将军，出任英军总司令。他立即召开军事会议，向军官们分析了当时的军事形势：由于法国、西班牙两国支持美国，英国已先后同法国、西班牙宣战。

根据确切情报，一支强大的法国舰队已满载法国将士开往西印度群岛援助美国，形势非常严峻。

克林顿为此提出了他的军事计划：改速战速决为重点进攻。为了集中兵力重点出击，英军将从费城撤到纽约集结。

6月18日清晨，克林顿将军突然率领英军快速撤出费城，向纽约退去。

华盛顿一直密切监视着英军的动向，英军北调纽约的计划很快被华盛顿获知，他想：这是天赐良机，一定要利用英军撤退之机，打一场歼灭战！他决定亲自指挥战斗，他让

在萨拉托加战役中负伤的阿诺德将军驻守费城，命令刚从英军那里释放归来的查尔斯·李将军和安东尼·韦恩将军分别带兵前去柯利尔渡口，他本人则带领主力队伍渡过了特拉华河，在到达离普林斯顿5英里的地方安营扎寨。

华盛顿的队伍是主动出击，所以轻装前进，行动迅捷。而英军是被动撤退，臃肿庞大，动作迟缓，头尾蜿蜒长达12英里。

当英军到达阿伦顿时，突然发现大陆军队已如天兵神将般横在前头，英将克林顿立即改变行军路线，往右折向通往蒙默思和米德尔顿的道路，然后由海口登舰去纽约。

华盛顿率军紧追不放，士兵们不顾暑气逼人，在炎炎的烈日下，小跑着急行军，分秒必争。

6月27日黄昏，在经历了一场暴风雨的捶打之后，疲惫不堪的英军主力部队来到蒙默思法院附近，由于天气闷热，暑气逼人，官兵个个大汗淋漓，所以，克林顿下令暂时休息。

克林顿让官兵严守通往阿伦顿的大道，右翼的德国黑森雇佣兵则据守在法院附近和米德尔顿相连的通道上，以防大陆军的袭击。这时，美军已尾追而至。

李将军的6000人马离英军仅5英里远，华盛顿率领主力部队殿后。他命令李将军进攻敌人的左翼，主力部队则从右面包抄敌人。形势对大陆军非常有利。

克林顿此时接到侦察报告，在英军的北面方向，发现大陆军队，克林顿立刻命令部队占领营地附近的森林和草地，做好应战的一切准备。

因为此时的李将军部队已形成了对英军的包围，华盛顿认为此次战斗必能取胜。为确保胜利，他又派出一支特遣部队前去支援李将军，并命令李将军趁敌方调兵之隙，立即发动进攻。

可是，不知为何，在这关键时刻，李将军不但拒不发动进攻，而且不久竟又擅自下令部队撤退，大陆军一下陷入混乱之中，形势发生逆转！

华盛顿见战斗刚刚开始，还没见分晓呢，怎么李将军左翼这侧就开始撤军了。

华盛顿怒不可遏，把自己的部队交给格林将军，催马向前奔去。在一大群溃军中见到了李将军。华盛顿愤怒地问："李将军，你为什么不执行命令？你为什么让部队撤退？"

李将军满脸不悦地说："我们的军队是抵抗不过英国军队的！"

听了他的回答，华盛顿气得大骂："你这没出息的胆小鬼，你让敌人吓破胆了，还没交手呢，怎么就知道抵不过英军！你既担任了这个指挥，就应该执行我的命令！"

混乱的部队重新集结布阵，令格林从左面杀敌，让韦恩正面抗击。双方在战斗中各不相让，激烈的战斗一直持续到黄昏。

太阳下山了，天渐渐黑了下来，此刻的战场上一片沉寂。但硝烟还没有散去，刺鼻的火药味还在空中弥漫。华盛顿激动的情绪怎么也平静不下来。

蒙默思法院战役，大陆军虽然最终取胜，但李将军的失误却使军队险遭不测，要不是华盛顿力挽狂澜，其后果难以设想。

华盛顿本想乘胜连夜袭击英军，但见士兵们连日为了追赶英军而急行军，顾不上休息，今天又苦战了一整天，实在太累了，就想让士兵们好好休息一晚，明日再发动攻击。可英将克林顿却接受了特伦顿和普林顿两次战役失败的教训，他见大陆军没有动静，就迅速下达命令赶快运走伤员，准备撤退。他们唯恐大陆军发现他们的意图，只好悄悄地在黑暗中行动。英军终于在天亮前撤离，直奔沿海口岸而去。

　　华盛顿第二天的攻击计划就这样破产了。

　　华盛顿没有料到敌军已经连夜运走伤员，暗中撤离了。

　　战役结束不久，李将军恶人先告状，愤愤不平地对华盛顿的指责提出抗议，他给华盛顿写信说明情况并要求举行军事法庭公审，这样他就能"向军队、向议会、向美国、向全世界证明他的行为是正当的"。

　　华盛顿在做了一番调查后，决定成立军事法庭对李将军进行审判。他写信告诉李将军："一旦时间允许，你将有一个机会向军队、向议会、向美国和向全世界证明你的行为是正确的或者承认本月28日你违反命令，是错误的行为。正如已被指出的那样，你不向敌人进攻，而做了违反命令的、可耻的退却，这是有罪的。"

　　军事法庭对李将军进行了开庭审判，法庭最后判决李将军犯有三条罪状，决定中止他的指挥权一年。李将军不服，认为法庭不合法，是专横君主的审讯。

　　华盛顿针对他的不服，说："这位先生如果忌妒我的位置，认为我是他高升的障碍，我可郑重相告，我根本就没想要这个位置，我一心向往的是解甲归田，回到我梦寐以求的弗农山庄，去过那幸福安逸的田园生活，我的一切努力均为达到这一目的。"

但无论这场战役给人们留下了多少遗憾，它还是给了英军一个教训：让他们明白，他们面临的是一支英勇顽强的部队，是一支永远也打不垮的铜墙铁壁，是完全可以和欧洲正规军作战的军队。

力撑困局

英军司令克林顿退守纽约后，深为自己的无所作为而感到耻辱：他的部队有一万六千人，在人数、纪律和装备方面都胜过华盛顿的部队，而他所得到的命令只是让他进行掠夺战，而且是在遥远的地点进行袭击和掠夺。他决心改变自己的窘迫处境。

此时，美军主要力量集中于北方，南方相对较弱。克林顿遂决定避实击虚，在确保纽约安全的情况下，利用海军优势迅速运兵南下，将战略重心转移到南方地区，使美军南北不能相顾。

1779年2月，克林顿率1万名英军抵达南部重要城市查尔斯顿港，开始包围这座城市。华盛顿立即写信给驻守南卡罗来纳的本杰明·林肯将军，郑重地警告他：万万不可死守被敌军重兵围困的城池，必要时，要毫不犹豫地撤出这座城市。

但林肯将军对华盛顿的忠告置若罔闻，不但不撤出这座港口城市，反而千方百计地调集兵力死守。

历史的悲剧再一次重演。5月12日，英军攻占查尔斯港，美军官兵5500人投降。

查尔斯顿战役是独立战争以来美军遭受的最大一次败绩，华盛顿个人的威望再次受到影响，美国政界和军界一些反对他的人也趁机落井下石。他们置华盛顿的反对于不顾，轻率地任命盖茨将军为南方军队司令，率军驰援南方。

然而，这位自命不凡的将军，这次却没有在萨拉托加那么幸运，在卡姆登激战中一败涂地。

就在华盛顿为南方战事一筹莫展之时，他的身边又在酝酿着一场可耻的叛国阴谋——阿诺德的叛变。

曾被华盛顿视为军事天才的本尼迪克特·阿诺德，在以往数年的艰苦战争中，因作战勇猛而屡建奇功。从围攻波士顿到萨拉托加战役，此人都立下了汗马功劳。但是，这位军事天才与行政当局的关系很差，以致大陆会议拒不给予他应有的提升，甚至连华盛顿也为他愤愤不平。

谁料，阿诺德此人在战场上是一位英雄，却禁不住和平生活的考验。不久，他就陷入了灯红酒绿、纸醉金迷的生活之中不能自拔。终因与亲英派沆（hàng）瀣（xiè）一气，并滥用公款而受到指控。在大陆会议把对他的控告提交军事法庭时，阿诺德第一次对他曾经为之奋斗的事业产生不忠的念头。他认为，这个国家对他的赫赫战功麻木不仁，仇恨和失望在他心中郁积，最终酝酿成一场可耻的叛国阴谋。

当时美军控制着西点要塞，有力地钳制着纽约的英军。阿诺德与克林顿的副官安德烈达成协议：如果他获得西点要

塞的指挥权，英军方面愿意出大价钱。

所幸的是，阿诺德的阴谋被及时发现。否则，英军占领西点，哈得逊河就会完全被英军控制，美军将被切成南、北两部分。这对独立事业来说无异于一场巨大的灾难。

华盛顿为此气得七窍生烟，大吼道："阿诺德叛变了，我如此器重的人竟然做出这等不耻之事，现在还有什么值得信任的人！"

阿诺德的叛变给华盛顿以沉重的打击，并对大陆军造成极坏的影响。对此，英方十分清楚。为了动摇大陆军的军心，他们疯狂地鼓吹阿诺德所谓的"真正的美国主义"。与此同时，华盛顿的得力助手叛变这一事实，也为他的一些政治敌手提供了攻击的口实。

如果不及时挫败敌人的阴谋，革命阵营内部很可能会出现混乱。因此，华盛顿冷静地告诫人们：政治迫害只会被敌人利用，它将播下猜疑和仇恨的种子，如果我们吞下这个诱饵，那就会人人自危。除了相互之间的猜疑之外，什么好处也得不到。"

一波未平，一波又起。1780年的冬季，宾夕法尼亚一线的部队由于缺衣少食，一些士兵在饮酒后激动起来，发动哗变，荷枪实弹地向费城进发，声称要大陆会议给他们苦难的生活予以补偿。

在整个兵变的过程中，华盛顿都慈父般地关心着他的军队，并且以令人肃然起敬的温和态度和严格的军纪控制着士兵们的情绪。终于，在他的崇高威望和人格魅力的感召下，事情得到了妥善的处理，兵变风波得以平息。如果不是华盛

顿这样胸怀宽广的人来处理问题，整个兵变一定会遭到严厉镇压，只会迫使这些深受委屈的人铤而走险。

正当华盛顿为士兵的哗变焦头烂额之时，家乡又传来坏消息：弗吉尼亚正处于险境之中。

阿诺德曾向英军司令令下海口，表示要用他所指挥的军队"震撼大陆"。1781年初，阿诺德率领1500人进攻弗吉尼亚首府里士满。而当时的弗吉尼亚几乎处于没有防御的状态。

1月5日，阿诺德攻占了里士满，将这座首府洗劫一空。之后，这位可耻的叛徒便躲进了詹姆斯河口的朴茨茅斯修筑工事，龟缩不出了。

虽然美法联合进攻朴茨茅斯的计划失败，但当这位叛徒在事后得知美法联军的作战计划后仍心有余悸。他曾询问一位美军俘虏，如果他被俘，大陆军将怎样对待他。那位俘虏坚定地回答道："他们会把你那条为国家受伤的腿锯下来，用对待战神的礼遇埋葬它，然后他们会把你绞死！"

4月间，英国海岸炮舰"野人号"逆波托马克河而上，驶向弗农山庄，并开始炮轰华盛顿的住宅。华盛顿的管家伦德为了使总司令的财产免遭洗劫，以登舰向英军提供粮食为代价，请求停止炮击。

事后，华盛顿大发雷霆，立即给伦德写信，责备他带了个坏头儿，不该向英军屈服。

华盛顿的勇气、果敢以及耐心使战局向着有利的方向发展。

在八场主要的战斗中，华盛顿赢了三场，输了四场，平了一场。人们也许会问："这怎么能说明他是一位伟大的将军呢？"但战争并不是体育运动中的巡回赛，它不要求你非

要在七局四胜制的比赛中赢四场以上。事实上，你可以输掉所有的战斗仍能最终获胜。这里，重要的是你要在战略上比对手棋高一着。

约克顿决战

《美法同盟条约》签订以后，法国正式向英国宣战。可是，派遣去美国同英军决战的远征军应该在何处开战，法国却一直犹豫不决。

这时，志愿赴北美支援美国独立事业的法国自由派贵族、华盛顿的好朋友拉斐特恰好回到了巴黎。他利用自己在宫廷中的威望和关系到处活动、四处游说，为使法国政府尽早派军队去美国共同抗英，做出了很大努力。

拉斐特于1780年3月6日离开巴黎，4月底抵达波士顿，受到美国人民的热烈欢迎。几个月后，法国著名老将罗尚博率领6000法国精兵也于7月10日在美国罗得艾兰顺利登陆。

法国军队抵达美国之时，美国南方战场形势发生了剧变。

1780年对华盛顿来说，是一个不吉利的年头：南方战线连连失利，军官阿诺德叛国投敌，军队供应奇缺，兵变时有发生。简直是困难重重，举步维艰。

虽然困难重重，但现有盟国法军的出兵，给困境中的大陆军带来了希望，也从中看到了光明。英将康华利在美国南方连连得手后竟得意忘形，妄想将大陆军逼到弗吉尼亚一带从而一举歼灭。但是大陆民兵大显神威，大陆军越战越勇，

使他的计划全部破产。

9月，康华利带兵北上。由部下福格森率领的先遣队，因遭民兵袭击而被迫退至金斯山。

10月7日，福格森到山顶上察看地形，只见山上树木茂密，金斯山绵延逶迤达数英里之长，山下是一片开阔的空地。他不禁得意地对副官们说："马上下达我的命令，就在这儿扎营，大陆军是无法接近这个山头的。"他神气活现地哈哈笑了起来。

就在这天下午，一千多名"山里人"在北美民兵领袖马恩的带领下悄悄地来到金斯山，他们将部分兵力留守在山脚，切断英军的退路，然后将其余人马分成三路，从不同方向爬向山顶。

因为他们是这里土生土长的山民，熟悉这座山的每块石头与每棵树木。不一会儿，民兵们神不知鬼不觉地攀上山顶，并且很快就隐蔽在树林之中。当福格森发现他们时，这批从天而降的民兵已向他们发动了进攻。

英军毫无准备，只得仓皇应战，士兵们不辨方向，四处奔逃，骑在马上的福格森被民兵一枪打下马来。英军死伤近四百人，剩下的最后全部投降。

康华利的先遣部队在金斯山吃了败仗以后，英军只得退往考彭斯。

1781年1月17日，大陆军南方军司令格林将军率领的大部队与民兵袭击考彭斯英军，取得了巨大成功。康华利抵挡不住，只能边战边退，一直退到北卡罗来纳。

3月15日，英军又在该州的吉尔福德被大陆军打败，康

华利损兵折将，逃往地处海岸线上的威明顿。为援救康华利，克林顿派遣一支增援部队从北方战场赶到弗吉尼亚。

4月25日，见援军已到达康华利，便急忙率军离开威明顿，前往弗吉尼亚与援军会合。

这样，英美双方的军事形势和力量对比又形成了崭新的格局：英军主力在克林顿统率下据守北方纽约，康华利部队集结于南方弗吉尼亚；大陆军主力在华盛顿统领下驻守纽约附近监视克林顿，格林的南方军在南卡罗来纳补充给养；法国远征军已在美国登陆，法国海军也即将行动。

根据这种新格局，华盛顿认为同英军决战的时刻已来到了，为此要选择一个决战的地点。

1781年5月22日至24日，华盛顿同法将罗尚博在康涅狄克州的韦瑟斯菲尔德举行了三天重要会谈，商讨进行决战的具体计划。他提出，战场就选在纽约。

华盛顿担心敌人下一步行动将是溯哈得逊河而上，于是，重新采取了保障西点安全的措施，在6月下旬向高地挺进。情况使他很快相信，敌人目前还打算进攻西点这个堡垒，只不过是许多地点威胁他，在战场上给大陆军制造困难，而使独立事业受挫。

因此，在把军需品运到更安全的地方后，华盛顿写信召回了从康涅狄克和马萨诸塞出发到营地的民兵，以加强纽约一地的大陆军的实力。

到7月21日，华盛顿给法国舰队指挥格拉斯写信，希望他能迅速率领舰队驶往纽约湾协同作战。7月28日，格拉斯复函告诉华盛顿说，他的舰队在北美大陆停留的时间不能超

过10月15日。

8月，格拉斯又通知华盛顿，他的舰队只能驶往切萨比克湾而无法去纽约。

要与英军决战，法国海军具有举足轻重的分量。所以，华盛顿接到格拉斯的信后，决定改变原来的计划。

华盛顿决定选择弗吉尼亚为战场同英军决一雌雄。为了实现北兵南调的军事转移，他又采用佯攻纽约的战术：调集少量部队在纽约附近积极备战，使克林顿摸不清大陆军的真实意图。

为了麻痹敌人，华盛顿一方面摆出了要攻打纽约的架势，派工兵到新泽西修建营地，甚至修建可以烤制面包的炉灶；另一方面，他又让那些英国间谍费尽心机地偷到各种伪造的文件，让英军相信，大陆军与法国舰队将联合攻打纽约。

英军真的相信了，甚至康华利还写信给司令克林顿表示：必要时，他可以派一部分人支援纽约。

不久，华盛顿趁敌不备指挥军队悄然南撤。8月20日，全军渡过哈得逊河，然后兵分两路由华盛顿和罗尚博各领一路南下。事实上，8月25日那天，华盛顿和罗尚博军队已在新泽西会合后继续南下。可此时的英军对华盛顿的计划根本一无所知，只见大陆军不停地调兵遣将，可英军将领克林顿却一直猜不透大陆军的真实目的。

8月30日，格拉斯将军指挥的法国舰队已声势浩大地驶入切萨比克湾，很快封住了约克河河口，使康华利据守的约克顿成为"死港"。这时才知道真情的克林顿，迅即命令英海军将领格雷夫斯率领舰队南下，企图将法国舰队逐出切萨

比克湾。

9月5日到9日，英、法两支舰队在切萨比克海面上展开了激烈的海战。炮弹带着呼啸声划破长空。经过较量，英国舰队夹着尾巴逃跑了。

法国舰队像一把铁钳牢牢地扼住了约克河河口。康华利感到他的处境很不妙，但仍然自我安慰。认为格雷夫斯的舰队一定还会重返切萨比克湾，南方的美、法军队数量不多不足为惧。

弗吉尼亚的爱国人士听说要攻打约克顿，纷纷报名参军参战，大陆军一下子增加到9500人，再加上法国盟军8800人，美法联军的军事实力大大增加了。克林顿根本不知道美、法联军正以最快的速度向他紧追而来，所以迟迟没有采取行动，白白丧失了最宝贵、也是最后的机会。

总司令克林顿愚笨至极，直到美法联军南下抵达特拉华时，他才搞清华盛顿调动军队的真实意图，可惜为时已晚。克林顿忙派出各路英军进攻康涅狄克州，妄图牵制华盛顿。9月6日，克林顿还让叛徒阿诺德带领英军去讨伐这块养育过他的故土。但是，这一切暴行都无法阻挡美法联军南下的坚定步伐。

9月8日，华盛顿与拉斐特在离约克顿仅12英里的威廉斯堡会合了，北兵南调胜利成功。

华盛顿见到这个年轻有为的法国青年非常高兴，在这段时间里，就是拉斐特带领军队去与叛徒阿诺德征战，并死死地缠住了英军，使他们只好困守在约克顿，为华盛顿的到来争取了时间。这时候，集中在约克顿周围的美法联军总兵力

已达一万七千多人，与驻守切萨比克湾的法国海军一起形成了一道铁壁铜墙，把约克顿团团围住。

约克顿地处弗吉尼亚的约克河口，东临切萨比克湾，西连威廉斯堡。康华利退守约克顿，是为了临靠大海，容易获得皇家海军的支援，如抵挡不过，也好撤退。没想到河口被封，反成瓮中之鳖，难以脱身了。

康华利企图摆脱困境打破包围圈，多次突围都以失败而告终。他只得连连向纽约克林顿求援，这已是9月中旬的事了。

1781年9月27日，华盛顿向美法联军发出进攻命令：北美大陆军组成右翼，法国远征军为左翼。9月28日清晨5点开始总攻，9500名大陆军和8800名法国军队组成左右两路并肩向约克顿进发。

康华利如热锅上的蚂蚁，焦虑不安地等待克林顿的回音。克林顿的来信29日才到，信中说军官会议已经做出决定："'国王'号船舰将运送5000名士兵到约克顿，10月5日即可起程。"

次日，康华利又收到克林顿的急件，称英舰可在10月12日前通过海湾支援他；要是无法直接支援他，克林顿将试图从陆上进攻费城牵制华盛顿，让他趁此机会，拯救自己的部队。康华利见大势已去，仰天长叹道："一切都不可挽回了。"

美法联军对约克顿的包围圈迅速缩小。10月1日晚，联军先头部队在前沿阵地筑起碉堡；10月3日，联军经过激战占领了约克顿对面的格劳西斯特堡；10月6日，大陆军在离敌人仅600米处挖掘战壕；10月9日，联军在前沿安置好大炮，华盛顿将导火线引入第一门大炮，打响了总攻的第一炮，接着，一发发炮弹射向约克顿，向康华利致以"亲切问候"。

一股股白烟在约克顿高地上升起，这是法军的新式大炮，杀伤力强，命中率高。这些雨点似的炮弹，不断在敌人阵地开花，炮群不分昼夜地向约克顿轰击，致使英军的许多工事被摧毁，官兵死伤不计其数，就连司令部也遭到了严重破坏，英军失魂落魄，康华利不得不躲进了地洞里。

炮击是总攻的前奏。10月14日晚上6点左右，总攻开始！一支先遣队受命前去摧毁敌军前沿阵地上的两个堡垒，法军攻左，大陆军攻右。

指挥官们纷纷挺身而出请战前往，最后还是汉密尔顿获得了充当先遣队的殊荣。联军战士冒着敌人的炮火匍匐前进，在敌堡附近同敌人拼搏。

经过一番生死博斗，联军终于拔掉了敌军阵地上的两颗"钉子"，为大部队的前进扫清了道路。

康华利再也坚持不住了，但他不想投降，决定设法逃跑。他的计划是把伤病员和行李留在城里，他则率领部队趁夜偷渡北上，去纽约与克林顿将军会师。

10月16日，他秘密准备了16条大船，在午夜之前，一大部分军队已经被运送到河那边去了。第二批军队也上了船，可此时却突然狂风骤起，暴雨倾盆而下，暴风雨把船队打散，载着将士的船只东飘西荡，险象环生。好不容易才把它们收集在一起。看来在天亮前第二批军队渡过河已经是太晚了。于是只好把已运到对岸的那批军队再渡过河来，可怜的士兵被淋得像落汤鸡似的，纷纷逃回军营。

在约克顿英军司令部的一间会议室里，军官们个个愁容

满面，有的军官甚至背过脸去拭抹脸上的泪水，室内充满着失败、颓丧的气氛。

康华利走进会议室宣布最后的决定，他用颤抖的声音说："绅士们，谢谢各位的努力，不惜流血牺牲奋战多年。令人遗憾的是，事到如今我们已别无选择，为众多士兵着想只得投降，我想，这也许是天意。"军官们听后，都不禁垂头沉默。

10月17日上午，正当华盛顿准备全力以赴攻下约克顿城的时候，突然，敌方阵地上竖起了一面白旗，康华利悻悻地派出使者带着他的亲笔信件向华盛顿乞降，8000名英军决定缴械。

> ◎白旗：用白旗表示投降由来已久，并且是国际惯例。据说此举源于秦朝的子婴。人们通常把白旗认作投降的标志。其实从战争法规的严格意义上讲，白旗乃是表示暂时休战的标志。

华盛顿同意守军投降，条件是10月19日11点前在投降书上签字，全部守军在10月19日下午2点以前开出城来。

10月19日中午，海风习习，绿树婆娑，约克顿秋高气爽。广场上，美国星条旗和军旗、法国国旗和军旗随风飘扬，飒飒做响。仪式开始已是下午2点了，北美大陆军列于右，法军居于左。

华盛顿和罗尚博分别骑着高头大马，精神焕发，情绪激昂地站在队伍的最前方，整个场面庄重严肃，十分壮观。

此时，英军守卫部队肩背武器由奥哈拉将军率领着，迈着缓慢的步伐穿过人群。他们把军旗装在盒子里，军乐团吹奏着

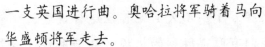

一支英国进行曲。奥哈拉将军骑着马向华盛顿将军走去。

他脱下帽子，并为康华利将军由于身体不舒服不能前来表示歉意。华盛顿用庄重的礼仪接待了他。联军奏起了欢快的乐曲。

在乐曲声中，英国将军奥哈拉代表康华利向华盛顿鞠躬行礼，缴上指挥刀。华盛顿接过指挥刀，为了给林肯将军在查尔斯顿的失败投降雪耻，特命令奥哈拉引领英军将士穿过联军的夹道，到广场旁的空地上向林肯将军缴械。

约克顿大捷是独立战争以来美军取得的最大一次胜利。经过这次致命的打击，英军不仅元气大伤，而且也

从根本上动摇了他们对这次战争的信心。英国首相诺思勋爵在听到这一消息后，立即"像胸口中了一颗子弹似的"，不由自主地张开双臂喊道："上帝啊！一切都完了！"的确，英国想要恢复在北美的殖民统治的梦想永远破灭了。

此后，美英双方实际上已经停止了重大的军事行动，战争接近尾声了。至此，美国独立战争已经整整进行了六年半。在此期间，美国人民经历了各种难以想象的艰苦日子，遭受了巨大的牺牲，如今这一切终于有了结果。

看到英军排着长长的队伍向受降台走去，华盛顿不禁思绪万千。不久前他曾经这样说过："我们不要悲观失望，我们有取得胜利的把握。乌云也许还会飘过我们的头上，个人也许会死去，整个国家或个别的州也许还要遭受暂时的苦难，但是，我肯定有把握使战争胜利结束。"

他的预言现正成为事实。

华盛顿特此写信给国会，表扬官兵们的顽强，感谢法国援军的帮助。后来，他还专门送了两匹战马给格拉斯伯爵以示谢意。

华盛顿在兵营中高奏凯歌，以庄严仪式开始的庆祝活动传遍整个美利坚合众国。美国的星条旗在各殖民地上空高高地飘扬，人民涌上街头载歌载舞欢庆这一伟大胜利。

美国即将赢得战争胜利的消息传遍各地，新生的共和国得以首次欢庆他们取得的胜利和第一位民族英雄——乔治·华盛顿。

功成身退

从1775年4月19日莱克星顿打响第一枪，到1781年10月19日康华利在约克顿投降，战争整整进行了六年半，北美人民和大陆军为了祖国的独立自由付出了巨大的代价。

1783年9月，英美双方代表在巴黎签订和约，英国承认美利坚独立，人们盼望已久的和平消息终于来到了，北美人民终于实现了祖国独立的伟大理想。

大陆会议决定向联军的军官和士兵表示感谢。大陆会议还下令在约克顿竖立一根大理石柱子，以纪念法国和美国的联盟以及它们的联军所取得的胜利。

最后，大陆会议发布了一项通告，规定这一天为全国感恩祈祷日，感谢上帝在这场战争中对美国人的帮助。

华盛顿给大陆会议主席写了一封信，信中说："我们当初拿起武器执行的伟大使命已经完成，我们国家的自由已经得到充分的承认和明确的保障，爱国军队的美名已经使那些备尝艰苦和危险、坚持战斗的人流芳百世，因此，这个伟大舞台上的演员剩下的唯一任务就是……带着天使和人们对他们以前的所有高尚行动的赞美退出军事舞台。"华盛顿得到了大陆会议的批准，下令大陆军全体将士毫无限制地休假。军人们单独地或成批地回到他们的家乡。

约克顿大捷之后，华盛顿声誉日盛，几乎被奉为神明，被公认为"大救星"。

此时，由于财政的紧张，大陆军的薪饷和烈士抚恤金一

直被拖欠，引起了士兵和军官的强烈不满。在大陆军内部，一些拥护君主政体的军官利用军队同政府的矛盾进行攻击，他们抓住政府的弱点大做文章，企图证明在美国建立君主制的必要。利用华盛顿的崇高威望，煽动将士拥立他为国王。

经过一些军官们的反复酝酿，1782年5月，有位叫刘易斯的上校给华盛顿写了一封长达7页的信，劝华盛顿当国王。

华盛顿看了来信，十分生气。虽然他还不明白事情的详细背景，但从信的字里行间，他看到了一个十分危险的信号，他的直觉告诉他，此事不可等闲视之，如不及时制止，可能酿成重大灾祸。

5月22日，华盛顿亲自给刘易斯上校写了回信。华盛顿在信中光明磊落地表达了他对君主政体的厌恶和拒当国王的严正态度：

"我阅读了你的意见，感到非常意外和吃惊……这封信包含着可能降临到我们国家头上的最大灾难。你不可能找到一位比我更讨厌你的计划的人。……如果你重视你的国家，关心你自己或者子孙后代，或者尊重我，那么我恳求你，从你的头脑里清除这些思想，而且绝不要让你自己或者任何别人传播类似性质的看法。"

但是，1783年春天，军队内部又流传着一份匿名文件，煽动将士擅自召开军事会议。一些军官还说军队已秘密决定：如果他们的要求得不到满足就要采取行动。

一位正直的军官急匆匆地来找华盛顿，向他报告了军队中的真实情况。华盛顿看了匿名文件，然后又详细询问了一些细节，心中大惊，他感到事情重大，不能拖延。他立即下令在纽约召开军官紧急会议。

纽约的会场上，军官们济济一堂，严肃的气氛中还蕴含着某种对立情绪。会议开始，华盛顿用目光环视了一下整个会场，人们已经注意到他们的总司令已头发花白，脸色苍老。

华盛顿首先热情洋溢地回顾了官兵们在战争中立下的丰功伟绩，列举了这支队伍为祖国的独立所做出的种种牺牲，然后，他恳切地希望将士们不要因眼前的某些利益而玷污昔日的荣誉。

过了一会儿，华盛顿从衣袋里掏出眼镜，架在鼻梁上，

不无伤感地说:"我和大家出生入死,为争取祖国的独立解放,我的头发都已经变白,如今我发现我的双眼也几乎看不见了……"

华盛顿充满感情的话语,使军官们忍不住流出了热泪。华盛顿对军官们晓之以理,动之以情,深深地打动了他们的心。最后,他殷切希望大家要珍惜自己浴血奋战所取得的成果。

会场上气氛融洽友好。会后,军官们一致通过决议表示:"美国军队的军官们,在这次战争开始时,是出于对祖国最纯洁的爱,出于对人类自然权利和自由的强烈感情而参战的。现在虽有痛苦和困难,他们也不会轻举妄动,以致玷污他们用鲜血和忠诚所争得的声誉和荣耀。"

华盛顿以自己崇高的声望和耐心的工作,未雨绸缪(móu),防患于未然,又一次平息了军队中的风波。

1783年4月11日,美国联邦议会正式宣布战争结束。4月17日,华盛顿接到大陆会议关于停止战争行动的公告。

4月18日,华盛顿发布命令,宣告"美利坚合众国与大不列颠王国实行休战"。他宣布,4月19日为战争结束日。

1783年9月3日,美英双方在巴黎签署和约。10月,联邦议会决定解散大陆军。

11月2日,华盛顿在普林斯顿附近的洛基希尔向军队发表告别声明,他说,总司令现在要做的唯一的事情是再一次,也是最后一次向美国军队讲话……并且亲切地、长期地向他们告别。

他对每一批官兵在每一个场合给予的援助表示真诚的感谢,接着说,将利用这个最后的、庄严的机会向军队的各个

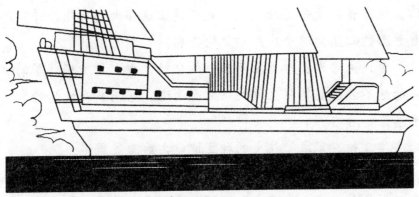

部门表示他始终如一的情谊。

在参加了纽约市的欢庆解放的仪式后，华盛顿于1783年12月4日在纽约的弗伦斯饭店向军民们辞行。

华盛顿满怀深情地举杯祝福战友们："富裕、幸福，就像过去的光荣一样体面。"

军官们难过得说不出话来，有的还哭出声来。

第二天，华盛顿搭乘轮船驶离纽约，欢送的人群聚集在码头上向他道别，经久不散。在归途中，华盛顿又顺道来到安那波利斯，参加了大陆会议召开的欢送大会。会场上挤满了人，连走廊都挤得水泄不通。

华盛顿郑重地把大陆军总司令委任状归还大陆会议，满含感情地说："长期以来，我一直在议会的命令下进行工

作。现在我的使命已经完成。我将退出这伟大的战场，并怀着眷恋的心情向这个庄严的机构告别！"

会议主席米夫林盛赞华盛顿的功绩，说：华盛顿将军的美德绝不会因其军事生涯的结束而消逝，它仍将在遥远的未来永葆其活力。

华盛顿在完成了伟大的独立使命之后激流勇退。

1783年12月24日上午，华盛顿与几名陪同的年轻军官动身回到弗农山庄。当晚，即1783年圣诞节的前夜，华盛顿终于回到他心爱的家乡，看见聚集在门口欢迎他的人群，他的心里充满了欢悦和幸福。

从这天起，华盛顿暂时退出政治和军事舞台隐居在庄园。

回到弗农山庄一个月后，华盛顿怀着感激的心情，给法国的好朋友拉斐特写信，他在信上说："亲爱的侯爵，我最终成了波托马克河畔的一个普通公民。在我自己的葡萄藤架和无花果树的浓荫之下，没有军营中的嘈杂和公共生活中的繁忙的情景，我正以宁静的欢乐自慰。这种快慰，对于一个始终追逐名誉的军人，对于日夜寝食不安地策划牟取私利，甚至毁灭别国的政治家，对于经常留意君主的脸色企求博得一个慈爱笑容的朝臣，完全是无法理解的。"

宁静而丰富的田园生活，给华盛顿带来了无穷的乐趣。他的孙子后来回忆道："独立战争后重返故园的这一段时光，是华盛顿一生中最幸福快乐的时期。"

退隐后的华盛顿，原计划在弗农山庄度过余生，但是他的国人不久再次向他发出了召唤。这次不是因为他所具备的军人勇气，而是因为他的个人声望。

第五章

第一任大总统

- ◆ 再次出山
- ◆ 第一任总统
- ◆ 第一个联邦政府
- ◆ 蝉联总统
- ◆ 卸任先例

再次出山

刚刚赢得独立的美利坚合众国，远远不是一个有机结合在一起的国家。关税和边界矛盾使这些前英属殖民地之间长期不和，独立战争期间通过的《联邦条约》非常勉强地把它们联结在一起。中央政府非常虚弱、名存实亡。

1785年3月底，在华盛顿的敦促下，弗吉尼亚和马里兰的3位代表来到弗农山庄会晤，商讨两州共同的商业事务和通过联运条款。

后来，马里兰州议会提出建议，为实现这项计划还应邀请特拉华和宾夕法尼亚两州共同参加。在经济开发的进程中，他们进一步认识到各州必须联起手来。

独立战争结束后，由于商品奇缺、通货膨胀，美国广大下层民众生活在极其艰难的处境之中。在马萨诸塞州西部，广大移民累死累活一年，仍然无法偿还欠债。为了生存下去，他们揭竿而起。

1786年9月23日，宾夕法尼亚州爆发了美国历史上著名的"谢斯起义"。

领导人丹尼尔·谢斯曾是华盛顿大陆军中的一名尉级军官，在战斗中因表现得勇敢而受过奖。独立后他复员回家，由于物价飞涨难以维持生计，他和他的战友揭竿而起，人们纷纷响应，起义队伍很快就发展到一万五千多人。

谢斯和他的支持者们提出，美国的财产应是美国人民共同的财产，因为这是全体人民经过流血牺牲从英国人那里夺

回来的，因此土地和自由是起义者的强烈要求。起义风暴发展得很迅速，很快波及美国北方，震撼全国。

宁静的弗农山庄也变得不宁静了，华盛顿匆匆写信给政府领导人，说："发生这些事，既令人痛心，又使人遗憾。"

他认为起义无非是由两种原因造成：一是起义者有真正的冤情，但地方政权机关处理不当；二是起义者受到英国势力的影响和挑动。

他进而分析说，谢斯起义如属前者，事情为何竟拖到如此地步？如是后者，那么，政府为什么不立即采取行动？

在华盛顿看来，问题的症结在于联邦政府体制的软弱，这个庞大的政治联邦的各个部分不是协调一致的。他已强烈地感到了建立一个强有力的中央政府的紧迫性。

1787年2月21日，联邦议会发出召开费城会议的通知。各州先后选出代表出席会议。弗吉尼亚一致推举华盛顿等人为代表，面对这样的结果，华盛顿非常为难。

华盛顿非常喜欢目前的生活，波托马克河畔优美的田园生活，是他一生的向往。而且，他已多次向亲朋好友表达了他喜爱隐居的情感，要是重新出山，不仅违背他解甲归田的初衷，而且在朋友中难免有"食言"之嫌。

同时，拟议中的费城会议前景并不乐观，失败的可能性大于成功。万一会议失败，自己将会更加尴尬。

1787年3月19日，他的好友诺克斯特写信劝他说："我相信，您的大名已产生了促使各州采取措施的巨大影响；您的出席将令人感谢；您的光临将赋予会议以全国会议的性质，这将比其他任何情况更能导致会议决议的贯彻与执行。"

华盛顿
HUA SHENG DUN

经过一番考虑，华盛顿决定去费城出席议会。3月28日，他写了一封信给弗吉尼亚州州长，表示接受议会的决定。他的这一决定受到人们的赞扬，麦迪逊认为华盛顿毅然放弃了体面的离职隐退生活，表明他对于公共利益的"热情"。

1787年5月7日，华盛顿离开弗农山庄。13日抵达费城，次日，当地报纸刊出消息：

"昨天，华盛顿阁下抵达这里，一队雄壮的骑兵专程去迎接华盛顿，并陪同他一起进城。此时的费城，礼炮齐鸣、钟声洪亮，人们高声欢呼，热烈欢迎这位伟人的到来。"

人民没有忘记这位曾经为祖国的独立解放建立了伟大功绩的老将军。而隐居家乡潜心务农的华盛顿重新出山，说明他并没有忘记他的祖国，当国家需要他的时候，他又像革命年代那样离家别子，踏上充满艰难险阻的征途。

随着会议召开日期的临近，华盛顿却渐渐地烦恼起来，他担心会议受挫，所以情绪很低落。

5月14日，也就是会议开幕之日，一早，华盛顿跟随弗吉尼亚代表一起来到会议大厅。可是会场上却空空荡荡，只见到当地宾夕法尼亚州的代表，其他各州的代表都没有到场。华盛顿心头一凉，不由得又添了几分愁容。

幸好，过了几天，7个州的代表先后到达费城。5月25日，会议在费城的独立厅内开幕。加上后来到的代表，共有12个州的55名代表出席了这次会议。

在出席会议的55名代表中，最有影响和威望的要数富兰克林和华盛顿。此时的富兰克林已81岁高龄，年老体衰，精力不济，因而领导这次会议的重任就落到了华盛顿的肩上。

会议开始、代表们一致推举华盛顿为主席，德高望重的富兰克林为副主席。华盛顿深感责任重大，因为会议前途难料，来自如此不同的地区，反映如此不同利益的代表们要制定一部为各地区、各集团都能接受的治国方案谈何容易！

费城制宪的根本点在于建立一个在世界上既无先例可循，也无先例可违的全新的政府。要建立这样一个政府，就必须摆脱联邦条例的束缚，削弱各州立法机关的权力。

当时美国13个州的人口相差极为悬殊。弗吉尼亚人口约为特拉华州人口的15倍。因此，如按人口比例选举建立起来的立法机构势必被大州控制。因而，在这个问题上发生了激烈的争论，甚至达到了剑拔弩张的地步。

华盛顿主持会议，他提出要通过两个决议：一是州不分大小都只有一票表决权；二是会议内容必须严格保密。

接着，在废除奴隶贸易和国会是否有权规定商业关税和签订对外贸易条约等问题上，南方代表与北方代表意见出现了严重的分歧。

最后，奴隶主和资产阶级以牺牲黑人奴隶利益为代价，北方以推迟20年废除奴隶贸易为代价换取国会管理商务的权力。

代表们还在有关总统任期上产生了分歧，有的倾向于总统终身任职，但遭到民主派人士的坚决反对。富兰克林等力主保留对最高行政长官的弹劾权，他指出如不保留这种权力，那就只能靠暗杀来摆脱一个腐化的最高行政长官了。

1787年9月初，会场上的激烈争论渐趋平静，妥协取得成功。9月8日，制宪会议决定成立由麦迪逊等人组成的5人委员会，对所通过的宪法草案的条款做文字上的最后修订和

润色。

9月12日，5人委员会向大会提交了宪法草案的最后文本供代表审议。

9月17日，会议进入最后一天。81岁的富兰克林向大会提交了书面发言。他语重心长地劝慰大家说，世上没人不犯错误，这个文件尽管还存在着个人的保留意见，他还是恳切希望大家一致支持它。

接着，他迈着蹒跚的步伐走上主席台，首先在宪法文本上签了名。其余的代表们跟随着他纷纷走上台去……根据最后统计，那天共有42名代表出席会议：39名代表在宪法文本上签了字，3人拒签，宪法草案获得通过。

当代表们在这部宪法的大字文本上签字的时候，富兰克林博士凝视着主席座位后边的背景上画的太阳，对自己身边的代表说："在会议期间，我总是一次又一次地凝视着主席身后的太阳，分辨不出那太阳究竟是在升起，还是在落下。现在我终于明白了，这是一轮喷薄欲出的旭日，而不是一轮缓缓西下的落日。"

华盛顿喜悦的心情难以言表，他在送交国会的信函上说："我们探讨此事，当以真正美国人的最大利益为出发点，即如何巩固我们的联盟，这关系到我国的繁荣、幸福、安全、甚至民族的生死存亡。

"由于认真铭记这一重要考虑，才使参加制宪会议的各州在次要问题上未如前所预料那样各持己见；我们现在呈送的宪法乃是友好与互相尊重、互相忍让的结果，而此种精神实为我国独特的政治形势所不可缺少的。"

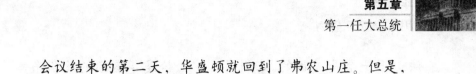

会议结束的第二天，华盛顿就回到了弗农山庄。但是，他再也静不下心来过闲适的庄园生活了。他天天都在关注着新宪法的执行情况，不知它能否被人民所接受。他密切地与外界的各位政界要人保持着联系。他的朋友们也常常给他写信，告诉他宪法在各州的进展情况。

华盛顿的忧虑并不是多余的。不久，美国政坛上出现了关于要不要批准宪法的激烈争论。主张批准宪法的被称为联邦主义者，他们为了论证联邦制度的优越性，在报上连篇累牍地发表文章，宣扬批准宪法的必要性和重要意义；在组织上他们互通情报、南北呼应。

反对批准宪法的人也相互支持共商对策，他们对宪法草案提出了尖锐的批评，积极主张宪法应规定和保障人民的更多的权利。

双方都在据理力争，互不相让。他们都在各州争取票数，以实现他们各自的目的。华盛顿坚决主张通过宪法，所以怀着焦虑的心情等待着来自各州的消息，每天他都骑着马在寒风凛冽的大道上等候送邮件的邮递员。

消息终于陆续传来。1788年1月2日，佐治亚州批准了宪法；1月9日，康涅狄克州批准了宪法；2月6日，马萨诸塞……

华盛顿听到这些好消息真是高兴极了，他告诉他的法国朋友罗尚博说："近一个时期，民众的注意力全都集中在新宪法上。虽然它遇到一些人的反对，但仍得到大多数人的拥护。现在已有6个州接受了新宪法。舆论认为：马里兰和南卡罗来纳也会这样做，只需再有1个州同意，政权就能生效。"

果然，马里兰和南卡罗来纳先后于4月和5月批准了新宪

法。下一个是关键的第9州了，它恰恰是华盛顿的故乡弗吉尼亚。这是华盛顿最没把握的一州，因为那里集结着比其他州大得多的反对宪法的力量。

为使弗吉尼亚州能通过宪法，华盛顿请麦迪逊从纽约特地赶回弗吉尼亚，在弗农山庄小住两天共商对策。同时，他还努力向家乡的朋友宣传自己的主张，反复告诉别人："它是这个时期所能制定的最好宪法。"

弗吉尼亚会议经过二十多天的辩论，于6月25日进行表决，结果以89票赞成，79票反对通过了宪法。28日，华盛顿在弗吉尼亚的亚历山德里亚听到这个好消息，高兴极了，听说当地居民举行欢庆活动，他还特地去参加了。回家后他又急不可耐地写信告诉朋友，说："亚历山德里亚公民的欢聚成就了美国第一次公开聚会，他们为联邦政府10个州的统一，为其繁荣昌盛而载歌载舞、纵情狂欢。"

1778年，美国宪法最终获得通过。这是一件对美国未来将产生重大影响的大事。这是华盛顿靠着他的威望，才使制宪会议克服重重困难，而取得的历史性的成果。

此时的华盛顿不禁思绪澎湃，感慨万千。他站在住宅外的走廊上俯瞰着波托马克河面，聆听着前来向他表示祝贺的船只发出的隆隆礼炮声，由衷地欢呼道："这是政治和道

义方面的一个崭新的事物，是智慧战胜鲁莽的一个震撼人心的胜利。"

联邦宪法的通过，揭开了华盛顿生活中新的一页。

第一任总统

联邦议会在接到9个州批准宪法的正式决定后，9月13日通过决议：1789年1月的第一个星期三选举总统选举人。2月的第一个星期三由选举人选举总统。

一切都已准备就绪，可美国的第一任总统该由谁来担当呢？

随着总统选举日期的临近，人们不约而同地把目光投向了华盛顿，请他任总统的呼声日益高涨。在法国的拉斐特写信劝说华盛顿，希望他应该为了美国、为了人类，不要拒绝担任美国总统，因为只有他才能稳定政局。

对此，华盛顿的态度成了世人瞩目的焦点。

在考虑当选总统的可能性时，华盛顿十分谦逊，又出自内心的犹豫不决，这充分表现了他的为人。他在给拉斐特的回信中说得非常清楚："总统的职位并不是特别吸引我。为了表明我的乐趣所在，侯爵阁下，只需再多说一句，就是（在我有生之年，就我的情况而言）由于日益年老体衰，并且酷爱清静，除想做一个诚实的人，在自己的农庄上生活和结束此生之外，别无他求。"然而另一方面，华盛顿又为新宪法的通过欢欣鼓舞，并期望这会将他引向正直事业的辉煌巅峰。

所以，当汉密尔顿也来函劝他接受总统职务时，华盛顿感到非常为难，他一方面表示："接受此项任命将比我平生所接受的任何任命更令人惶恐和不快。"但同时，他又表示："我将下定决心，别无他顾，竭尽全力为民效力，以期能在适当时机尽早解除这一职务，使我能再一次隐退，以便在惊涛骇浪之后，度过平静的晚年，以享天伦之乐。"

　　华盛顿是一位珍视荣誉胜过一切的人。对他而言，出任第一届美国总统意味着为美国新的政府体制做一次光荣的尝试。因此，他感到很兴奋。但是，对于是否出任总统一职，他表现得还是很矛盾。

　　从大陆军总司令的职务退隐弗农山庄以后，这是又一次面临复出的机遇。想到这里，华盛顿有所迟疑，这种迟疑不是华盛顿性格懦弱没有主见，而是一位英雄人物临战时的谨慎。因为每一次复出，尤其是这一次，对于华盛顿的一生来说，是重要的一笔，或者走向更加辉煌；或者跌入万丈深渊，全都在此一举。

　　1789年2月4日，选举团根据人们的普遍愿望，一致选举华盛顿为美国第一任总统。

　　议会秘书查尔斯·汤普森从纽约专程赶到弗农山庄正式通知华盛顿，他已经以选举人全票（69票）当选为美国第一任总统。

　　根据规定，华盛顿将于1789年3月4日起出任美国总统，任期4年。华盛顿经过再三考虑，以国家利益为重决定走马上任。赴任前他特地去亚历山德里亚探视年逾80又身患重病的老母，这竟成了他们母子俩的最后诀别。

华盛顿的母亲得知自己的儿子已得到了美国的最高荣誉时，感到无比光荣。她安详而愉快地与这位获得了最高成就的儿子告别。

1789年4月16日上午10时许，华盛顿告别了热爱的弗农山庄，踏上了去纽约的旅途。他在当天的日记中写道："大约在10点钟左右，我告别了弗农山庄；告别了平民的生活；告别了家庭的幸福，带着无法用言语形容的忧虑不安的心情，动身前往纽约。虽然我极其乐意响应祖国的号召为祖国服务，但是却没有多大的希望不辜负祖国的期望。"

这是历史上最精彩的旅途之一。途中，华盛顿在亚历山德里亚、巴尔的摩、费城、特伦顿等地，都受到了热烈的欢迎。人们欢呼着，感谢华盛顿在独立战争期间的英雄壮举，期盼着新生合众国的美好未来。

4月23日，华盛顿乘坐专艇抵达纽约港湾，停泊在水上的船只披挂着五色彩旗，一派欢乐气氛，纽约州、克林顿州州长亲自迎接。

就职典礼推迟了好几天，因为产生了当选总统时给他添加什么称号的问题。讨论这个问题是违背华盛顿意愿的。因为华盛顿担心，不管添加什么称号，都可能带来不好的影响。国会最后决定仅仅称呼他为"合众国总统"，而不添加任何称号的时候，他才大大地松了一口气。称呼他为"合众国总统"是明智的，这个称呼一直沿续到今天。

1789年4月30日，美国历史上的第一任总统就职仪式在纽约隆重举行。

宣誓仪式在参议院会议室前面的阳台上举行，由纽约

> ◎大法官：美国实行三权分立，大法官的权力极大，他们可以弹劾总统，解释宪法，以及裁定联邦法律，政府行为是否违宪。

州大法官主持。阳台的中央有一张桌子，上面铺着深红色天鹅绒桌布。桌上放着一块深红色的天鹅绒衬垫，衬垫上面放着一本装订精美的《圣经》。

他由专用马车从下榻处接到纽约联邦大楼，又由人陪同登上二楼进入参议院议事厅。

华盛顿频频向站立在右边的参议员、外国使者，左边的众议员们致意，然后进入大厅。这时，副总统兼参议院议长约翰·亚当斯恭恭敬敬地上前请他入坐。

一时，大厅内鸦雀无声，气氛十分庄严。这时亚当斯起立对华盛顿说："先生，参议院和众议院都已准备就绪，请您按照宪法的规定举行就职宣誓。"

华盛顿迈着坚定而庄重的步伐走上阳台。这时，街上人们的目光都集中到阳台上，喧闹不已的人群霎时静了下来。华盛顿身穿一套美国制的深褐色服装，银色的纽扣上装饰着一只展翅的雄鹰；佩戴着一把钢柄指挥刀；脚上穿着白色长丝袜和有银白色鞋扣的鞋子。他的头发理成当时时兴的发式，并涂了发粉、带有发袋和宝石。

华盛顿在阳台上一出现，就受到了群众的高声欢呼。他走到阳台前面，把手贴在胸前，鞠了几次躬。群众似乎懂得他已经为这种场面所感动，因此大家的目光一下子都集中在他的身上。

宣誓开始，身材高大的华盛顿情不自禁地说了句："愿上帝保佑我！"然后弯下腰低头吻了吻《圣经》，接着把右手放在《圣经》上，神情严肃地宣誓："我庄严宣誓，我将忠诚执行合众国总统的职务，我将竭尽所能坚守、维护并保卫合众国宪法。"

这时，大法官利文斯顿上前一步，举起右手高呼："合众国总统乔治·华盛顿万岁！"刹那间，全市钟声激荡，礼炮齐鸣，群众的欢呼声如滚滚春雷，响彻云霄。

新总统再次向欢呼的群众躬身致敬。

接着，华盛顿回到议事厅，向参众两院发表了就职演说，他表现出了特有的谦逊、温和和深明事理，但是，他声音深沉，有些颤抖，而且很低沉，以致听众们都不得不屏息静听。

"因祖国的召唤，要我再度出山，对祖国的号令，我不能不肃然服从。然而，退居林下，是我一心向往并已选定的归宿……另一方面，祖国委我以重任，其艰巨与繁难，使我感到难当重任。"

他又说："我对祖国的热爱，激励我以满怀愉悦的心情展望未来……"他还宣布，在他担任总统期间"必须放弃任何个人非分的报酬"，除了必要的办公支出外，他不领取任何薪俸，不少议员听后大为感动。

华盛顿简洁的演讲深深地打动了所有在场的听众。当时著名的演说家费希尔·艾姆斯说道："我好像看到了一个美德的化身正在向他未来的信徒们演说，他那动人心魄的力量是无与伦比的。"

演说结束，华盛顿同议员们亲切会见。当天晚上，他还专门观看了纽约市燃放的焰火。

就这样，历史把华盛顿推上了美国总统的宝座。

从此，华盛顿总统开始为国家和人民忘我地工作着。这一年他57岁。

✸ 第一个联邦政府 ✸

华盛顿上任后，面临着一大堆意想不到的困难，不但国库空虚、国债累累，而且没有现成的政府机构，甚至连建立新政府能够借鉴的传统和经验都没有，一切都得从头做起。华盛顿没有气馁，他决心在没有路的地面上踩出一条路来，为建立美国历史上的第一个联邦政府而努力。

华盛顿对自己的一举一动十分谨慎，因为他是美国的首任总统，他要为后世树立榜样。

在宪法中，政府成员只有总统和副总统，也没有明确说明总统是否有权任命部门的领导。于是，华盛顿就开始运用他伟大的创造力，自己建立美国第一个联邦政府机构。

1789年7月27日，华盛顿建立了一个专门处理外交事务的部门，9月15日，改称为国务卿办公室，相当于别国的国家外交部。

总统任命托马斯·杰斐逊为国务卿。杰斐逊是一位受人尊重的民主主义者，也是著名的《独立宣言》的起草人。1784年以来，他一直担任美国驻法公使，通晓欧洲事务和外

交关系。

这时杰斐逊尚在法国任职，所以华盛顿接连给他去信。1790年3月，杰斐逊回国任职。

1789年8月7日，联邦政府的陆军部建立。亨利·诺克斯被华盛顿任命为陆军部部长。他是华盛顿非常熟悉的将才，在独立战争期间他曾任炮兵司令，屡建奇功。

9月2日，财政部建立。

财政问题是新政府遇到的最严峻的任务之一，当时美国内外债高达7500万美元左右。不少债权者已纷纷向政府讨债。华盛顿选择了年仅34岁的律师——他的好朋友亚历山大·汉密尔顿为财政部部长。

汉密尔顿是一位难得的行政干才，管理有方，施政有力，在独立战争和制宪过程中他都起过重要作用。

至此，第一届美国政府的班子、人马齐备。

◎总统制是资产阶级民主共和国的一种政权组织形式，指由选民分别选举总统和国会，任命政府高级官员。总统的权力受国会的制约，总统和政府高级官员如违宪犯法，国会可提出弹劾。

华盛顿将美国的第一流人物都网罗进了他的政府，由于这些官员都是由总统任命的，从而开创了政府部门官员向总统而不是向国会负责的先例，并且一直延续至今。

美国总统与各州州长的关系是最复杂、最敏感的问题。因为美国的各个州是独立的"国家"，各州州长是该州的行政首脑。美国历史上还没有处理这两者关系的先例。

1789年10月25日，华盛顿以美国总统身份，开始到东部各州视察。可是当他抵达马萨诸塞州时，州长亨科克竟然称病不出来迎接。因为在他眼里，州长应该与当今的联邦总统没有什么差别。华盛顿心中不悦，在他看来，美利坚合众国总统是联邦政府的最高行政首脑，理应居于各州州长之上。

不久，亨科克州长邀请总统出席欢迎宴会，华盛顿拒绝出席，使亨科克极为难堪。终于，美利坚合众国总统的强硬态度战胜了亨科克的地方主义气焰。最后，亨科克州长不得不向总统致歉并要求会见。傍晚，亨科克乘马车冒雨来到华盛顿下榻处看望。

这件小事很快传遍了各州，使一些州长端正了认识，摆正了同总统的关系。这对后继者也起着某种警示作用。

蝉联总统

转眼到了1792年，新一届总统选举即将来临。考虑到自己的健康情况和对内阁纷争的厌倦，华盛顿十分向往弗农山庄的悠闲生活，他想卸下身上的重担，回到自己的田园。

那是早春的一天，华盛顿约见杰斐逊谈话，两人略叙了对外事务后，就转入正题。华盛顿情真意切地告诉国务卿说：“我考虑再三，决定不再参加下届总统的竞选了。我所以要让你知道，一是想听听你的意见；二是希望你在思想上有所准备。”

杰斐逊当即表示："全联邦的信任都集中在你身上。只要你掌舵，就无人能出来鼓动和领导任何地方的人民起来暴动或参加分裂运动。只要你留任，南北方就会保持统一……我完全了解目前职务在你的心里是多么沉重的负担，也完全知道你非常热切地希望告老还乡、安享天伦之乐。但是，有时候社会对一个杰出人物有特殊要求，偏偏不让他过其所喜爱的安居乐业的生活，而要他走一条现在和将来为人民造福的生活道路……因此，我只希望你在为人类的利益牺牲了很多岁月后，再牺牲一两个年头。"

一番劝解之后，杰斐逊先生表示，如果华盛顿真要卸任的话，他也将一起退职。因为当初投身政界时就很勉强，在他接受内阁职位时，他就决定在总统卸职之日，就是他退职之时。

华盛顿没想到杰斐逊也要退职不干，脸上微露出不悦地说："我想退休实因年老体衰之故，近来渐感精力不支。可是因此而引起许多重要官员都想辞职的话，那就会出现危险的后果。我希望您能继续干下去。"

杰斐逊还是坚持己见。谈话结束以后，华盛顿陷入了深深的思索之中。

没几天，华盛顿又分别同汉密尔顿、诺克斯和伦道夫先后透露了他不想连任总统的想法。但是三人都竭力反对总统的这一决定，强烈要求他参加下届总统的竞选。

华盛顿又同麦迪逊商谈如何辞职的具体事宜。

麦迪逊会见华盛顿已是初夏的5月天气，两人在费城进行了一次有趣的谈话。

华盛顿先向麦迪逊通报了情况：他决定退出下届总统选举，杰斐逊愿意同他一起退居山林。汉密尔顿、诺克斯和伦道夫都坚决反对他的引退。

接着，华盛顿看着麦迪逊、口气缓慢地说："我不相信我的连任像公认的那样必要和重要，我本人对公共职务的厌烦与日俱增。"华盛顿停了一下，说："我想回到自己的庄园里过安静的日子，不想再继续目前的境遇了。"

华盛顿又请求麦迪逊先生对他宣布退休的适当时间和方式提出意见，并恳求他帮助起草讲演稿。他又提出演讲中应该提到的一些问题和要点，并应该用朴素而谦逊的词句来表达。

就这样，两人一直长谈了几个小时。麦迪逊始终没能打消华盛顿退职的想法。麦迪逊回家后还不断回味这次谈话，朋友们很快造访他，向他打听总统的想法。麦迪逊告诉他们，这次谈话没能改变总统希望引退的想法。

几天以后，国会休会，华盛顿离开费城回到心爱的弗农山庄。在宁静的乡间他继续思索是否连任的问题，不久，他找到了他认为最适当的形式向国人表达他引退的愿望。

5月底，华盛顿怀着平静的心情回到费城。

在办公室他发现桌上有一封杰斐逊写给他的信，他急忙拆开，读着、读着，他平静的

心海掀起了层层波浪。这封信的内容使他感到十分痛苦。

原来，杰斐逊在信中改变了原来的态度，强烈要求华盛顿能继续留任。他在信中说，他原先以为当时民众的情绪是平静的，对政府也抱有信心，足以经受领导层的重大人事变动。但是，现在由于汉密尔顿的一系列政策引起了人民的不满，他们已经激动起来，这样，美国存在一种走向君主制的严重危机。

杰斐逊在信中说："全联邦的信任都集中在你身上。只要您掌舵，就没有什么人能讲出什么道理，来鼓动和领导任何地方的人民起来暴动和参加分裂运动。只要您留任，南北方就会统一。只要您在，就能保证联邦的统一和安宁。"

杰斐逊是领导层中唯一不反对他退职的人，可是现在他也改变了主意，这使华盛顿不免犹豫起来。

不久，华盛顿又接连收到汉密尔顿的两封来信，他在信中说，总统的引退将是降临于祖国的"最大不幸"，而华盛顿的继续任职对祖国显然是"必不可少的"。这两封信又像巨石投进了大海，使华盛顿的心久久不能平静。

这时，伦道夫也来了信，他在信中口气严峻地说："最不祥的斗争已经过去，但民心需要安定。唯有您才能给予他们安定。当您的祖国召唤您去任职的时候，您却允许自己退位。

"要是内战爆发，您将无法安居家中。驱散正迫不及待要酿成这场大灾难的派系比在他们持枪荷弹以后再去镇压要容易得多了。"

众人的劝说使华盛顿对去留问题彷徨不定。

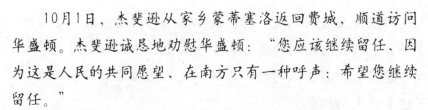

10月1日，杰斐逊从家乡蒙蒂塞洛返回费城，顺道访问华盛顿。杰斐逊诚恳地劝慰华盛顿："您应该继续留任，因为这是人民的共同愿望，在南方只有一种呼声：希望您继续留任。"

华盛顿望着杰斐逊那淡褐色的眼睛，语重心长地说："您也应该继续在政府中任职，以同汉密尔顿的力量相平衡。"在吹拂的秋风中，两人紧紧地握了握手，道了声"再见"。

自己的连任是众望所归，他已经没有选择的余地。到1792年12月份，人们已经知道，这位还在台上的总统再次当选已经"确定无疑"。

由于华盛顿没有发表反对声明，选举团全票一致推选他为第二任美国总统。

为了国家的团结和人民的利益，华盛顿放弃了引退的想法，继续连任总统。

第二任总统任期伊始，内阁的分歧和党争的加剧立即给华盛顿带来了极大的不快。

华盛顿此时面临的是一个相互攻讦（jié）不断的内阁和正在形成的两个党派。他犹如处于一座四处裂痕的舞台之上，处境艰难，稍有不慎，就可能招致一方的怨忿而引来人身攻击。

1793年2月22日，也就是华盛顿宣誓就任第二任总统的前10天，正好是他62岁的寿辰。届时，首都费城为庆祝他的生日举行了盛大的庆祝仪式，市内教堂的钟声悠鸣不止，许多国会议员也前去拜见华盛顿，以表示对这位联邦总统的敬意。

这时，《国民公报》开始发表文章，直接攻击总统，认

为这种庆祝生日仪式是一种臣民对君主的效忠仪式，是要树立一种有损于自由的偶像。文章还表示，珍惜自由的美国人民"绝不会使某些人的野心得逞，无论他对这个国家曾经立下过多么大的功劳。"

华盛顿对这种含沙射影的攻击感到很痛苦，舆论的指责使华盛顿更加注意自己的形象。因此，在第二任就职仪式举行之前，华盛顿专门召开了一次没有他参加的内阁会议，以决定就职典礼的方式。他表示，不管提出什么建议，他都愿意遵循。

最后，内阁会议决定：在参议院议事厅举行简单的就职宣誓，不举行仪式。

1793年3月4日，华盛顿出席了简单的总统宣誓仪式，既没有民众参加，也没有隆重的场面。华盛顿心情非常不好，发表了极为简短的就职演说。

没多久，华盛顿回到弗农山庄稍做休息，可这时，国务卿杰斐逊给他送来了急电：法国已向英国、荷兰和俄国宣战。

现在法、英开战，美国怎么办？华盛顿又处于感情与判断的矛盾之中。

汉密尔顿建议他以美国总统的名义发表一个宣言，声明立场。杰斐逊则反对，认为此宣言只应由国会做出。最后还是华盛顿以冷静的头脑，从美国自身利益出发，制定了中立政策。他马上派人给杰斐逊送去一封信，他写道："英国既已实际开战，我国政府宜于努力严守中立，千方百计防止我国公民把我们卷入漩涡。"

这样，避免了美国卷入欧洲列强的纷争。

1794年8月，盛夏的一天，华盛顿正在费城办公室翻阅文件，忽然财政部派人给他送来了紧急报告。

报告说，宾夕法尼亚西部威斯特摩兰、费特、华盛顿和阿尔良尼4个县的农民于7月开始起义，人们强烈反对政府征收威士忌酒税，群起烧毁了征税员约翰·奈维尔的房屋居室，俘虏了奈维尔住所的卫兵，他们还冲进法院阻止审判的进行。

8月12日，起义者们又在布雷多克古战场召开会议，会上有人提出了进攻匹兹堡的口号，起义风暴迅速遍及邻近地区，事态正在扩大之中。

华盛顿读完这份急件知道农民起义还在扩大，形势严峻，不免感到意外和紧张。但他认为这次起义同8年前的谢斯起义一样，根源都是民主社团分子"煽动"起来的。

华盛顿决定亲自出马。10月4日，他急忙赶往民兵集合地阿尔良尼山东麓的小镇卡列斯尔，接见起义农民代表威廉·芬特莱和戴维·雷迪克。代表们向华盛顿通报了10月2日起义者帕金森渡口会议的决议：要求政府军队不要进入起义地区。

华盛顿耐心听取了他们的意见后告诉他们，政府一定能够恢复那里的秩序而绝不伤害百姓。下午，华盛顿再次接见起义代表，代表们提出新建议：如果政府军队坚持开进起义地区，那么，请华盛顿随军前往。华盛顿说如无急事返回费城的话，他可以这样做。

华盛顿坚持军队开进起义地区。他检阅了部队并发表了演说，给军队规定了具体的任务，然后把军队的指挥权交给汉密尔顿，自己就回费城去了。

汉密尔顿率军队向起义地区进发。他本想用突袭的办法迅速指挥队伍包围起义军，可是当他的军队开进起义地区时，那里静悄悄的一个人都没有，起义农民早已跑得无影无踪。他气得脸都白了，只好把军队撤回。

1794年对美国和华盛顿来说，都是一个不平常的年头。这一年，国内的党争激化，联邦党人和民主共和党人在重大的政策上产生重大的意见分歧。国际上，美、英两国关系紧张，甚至随时都有再次发生战争的危险。

当时英国在北美洲有六万多驻军，在美国西部还有上千人尚未撤出，依然占据着边境上的军事据点。这些人不断挑动印第安人寻衅，因此美国西部边境很不安宁，华盛顿为此寝食不安。不久，一份情报送到华盛顿那里：

驻守美国军事据点的英军指挥官约翰·西姆科根据命令已开始修筑工事，他声称："我的目标是以一支适当的力量在一个适当的地点，同华盛顿面对面相见。"

英国政府从本土已派出一支海军舰队到达大西洋的北部。

英国还不断地劫持美国海员为他们服务。由于美国的许多人和英国人同种、同族，所以美国海员特别容易遭到劫持。还有英国拒不归还按照条约的规定理应归还的大湖区南侧的碉堡。这些都促使对英国不满的浪潮更加高涨。

华盛顿研究了这些情报，觉得形势极为严峻，英国虽在独立战争中败北，但他们亡美之心不死，看来英国当局已准备再次挑起战争。

这时国会也提出要建立一支一万五千人的军队，并建议总统向各州州长提出建立一支8000名民兵组成的队伍以防

不测。华盛顿一方面密切注视着事态的发展、从最坏处做准备、同时也在考虑是否存在着避免战争的可能性。

他主张与英国通过谈判来公平地处理争端，以免双方陷入一场可怕的战争中。为此，他派最高法院院长约翰·杰伊承担这一使命，前往英国去谈判。可是约翰·杰伊同英国签订的条约使美国做出了巨大让步、丧失了许多利益。通过参议院的激烈讨论，华盛顿终于在这个屈辱的条约上签了字。尽管国内反对的呼声很高，但事后证明、华盛顿是对的。由于避免了战争，给美国的经济发展提供了稳定的环境，为美国势力的增强奠定了一个良好的基础。

卸任先例

由于杰伊条约问题使华盛顿政府一直受到别有用心的人的攻击，这使华盛顿对纷乱的政界更加厌倦了，正值他的4年任期又要满了，所以他退出政坛的愿望更加强烈。

此后，华盛顿夜以继日地思考、写作他的告别演说。1796年5月15日，他把已完成的底稿从头到尾认真地检查一遍、然后寄给了在纽约的汉密尔顿。

两个月以后，华盛顿收到了汉密尔顿寄来的修改稿，他高兴地读了好几遍，并在该稿的基础上斟酌定稿。他深深地吸了一口气，感到一阵轻松，好似有了一种如释重负的快感。

这篇演说，9月间在费城的一家普通报纸——《美国每日新闻报》上刊出。

1796年9月19日，华盛顿兴冲冲地坐马车回弗农山庄，当他静静地坐在车里行进在大道上的时候，《美国每日新闻报》在费城正在印刷出版。

编者在报纸上加了一个专栏标题——"告美国人民、朋友和同胞"，全文登载了华盛顿的告别演说。不久，美国各大报纸都转载了华盛顿的告别词。

告别演说的正式发表犹如晴天霹雳，震动了全国。大多数报纸对总统主动引退表示赞美，一些市民、团体和州的立法机关还通过决议向他致敬，也有一些人对总统决定引退表示惋惜、伤心。

反对党本来以为华盛顿会再次参加竞选，因此，不停地用尖刻的语言对他大肆攻击，告别演说一发表，这种辱骂声就只能戛然而止。

华盛顿公开发表告别演说后一个月，他在弗农山庄给朋友们写信说："再有几个月，我的政治生涯就将结束。我将置身于弗农山庄的葡萄架和无花果的树荫之下。在那里，我任何时候都乐于见到你。"华盛顿积极准备引退。

1796年2月22日，是华盛顿66岁的生日，也是他在美国总统职位上过的最后一个生日。

人们感到应该为这位为美国人民做出了重大贡献、深受人民敬仰的老人举办一次盛大的生日庆祝活动。

这日，费城上空钟声悠扬、礼炮轰鸣。华盛顿看到人们对他仍然怀有崇敬的心情，深受感动。总统夫人也被这一场面感动得热泪盈眶。

第二天，费城的《美国每日新闻报》登载了如下的报

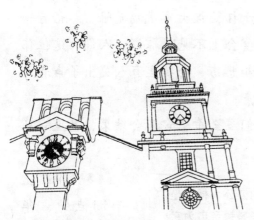

道："这是乔治·华
盛顿作为联邦总统度
过的最后一次生日。
因此，这一天不仅
是以欢乐，而且还以
一种特别的、只能
意会而无法言表的激
情——即他们对华盛
顿的杰出服务的感激与敬重——来纪念的。"

1797年3月3日，是他作为美国总统的最后一天任期。这天晚上，他专门举行了庄重而热烈的告别宴会。

宴会上，各国使节和夫人、首都政界名流愉快地欢聚一堂，陪伴着华盛顿，与他告别。华盛顿含着笑意，伫（zhù）立一旁。这是令人陶醉的时刻。想到就要告别荣耀但又喧闹复杂的政坛，他感到难以抑制的喜悦。这种渴望由来已久，现在变成了现实。他频频举杯，与周围的客人寒暄。他想到9个月前就对人说过的话，今日它们好像更能反映他此刻的心情："……我早就怀有的渴望，那就是告老还乡、安享天年，怀着莫大的安慰，想到自己已经在能力许可的范围内对祖国尽了最大力量——不是为了发财；不是为了飞黄腾达；也不是为了安排亲信，使他们得到同他们的天赋才干不相匹配的职位，当然更不是为了给自己的亲属谋求高官厚禄。"他将坦然地离开这里。

会议快结束时，他举起酒杯向大家致谢："女士们、先生们，这是我最后一次以公仆的身份为大家的健康干杯，我

华盛顿

HUA SHENG DUN

真心实意地为大家的健康干杯、祝大家幸福无限。"话音一落，欢乐的气氛刹那间在宴会上不见了踪影，人们为这位伟人的退出政坛而感到惋惜和悲伤。会场上有人哭出了声音，更多的人惆怅悲伤欲语无声。

宴会默默地结束。人们多么希望它不会结束，甚至它从未举行过。

◎国会大厦：是美国国会的办公大楼，坐落于国会山上。1793年，华盛顿亲自为它奠基，根据美国宪法规定，首都华盛顿的建筑物都不得超过国会大厦的高度。大厅所立的杰出总统石雕，每一尊都是一个时代。圆形大厅南侧还设有专门的雕像厅，其内为美国50州的名人像，合立一堂，是美国凝聚力的象征。

3月4日上午11点钟，华盛顿最后一次出现在国会大厦里。闻讯赶来的群众，聚集到了大厦周围；礼堂里，也挤满了人群，他们想与华盛顿作最后告别。

人们欢呼着，女人们不停地挥舞着手帕，向缓缓走进大厅的华盛顿致意。华盛顿没有讲话，只是作为一个普通公民，注视着新任总统约翰·亚当斯宣誓就职。新总统宣誓前，华盛顿上前向他表示热烈的祝贺，又用轻松的口气说："唉，我堂堂正正地卸任，你堂堂正正地就职，看我们两人谁最幸福！"

接下来，亚当斯在就职演说中，以无比钦仰的心情赞美华盛顿。他知道，大厅里的每一个人，都会同他一样感受到华盛顿伟大而平凡的魅力。他称颂华盛顿"长期以来用自己

170

的深谋远虑、大公无私、稳健妥当、坚韧不拔的伟大行为赢得了同胞们的感激，获得了外国最热烈的赞扬，博得了流芳百世、永垂青史的光荣。"

没有什么话更能比这几句确切地表达大厅里人们对华盛顿的崇敬。热烈的掌声，回荡在大厅，回荡在华盛顿的心中，他感激地向人们挥挥手。

当华盛顿向大家告别时，众议院会议厅挤满了人群，所有的人，除华盛顿外都热泪盈眶。约翰·亚当斯后来满怀深情地说："但这一切都是一个不解之谜。没有人提及细节，说明为何如此伤心。因此留给我思考的只能是：这是他们为失去所爱的人而悲哀。"

华盛顿的引退为美国总统任期立下了先例。1787年宪法规定美国总统每届任期4年，但没有限制连任的次数。他的至多连任两届的先例后来成了一条不成文的规定。

1797年3月9日，华盛顿告别了这座繁华的都市——费城，乘着马车回到了自己梦寐以求的弗农山庄。

第六章

最后的日子

- ◆ 退休生活
- ◆ 平静地离去

退休生活

1797年3月，华盛顿带着如释重负的心情，再次回到了他向往已久的故园——弗农山庄。

像往常一样，华盛顿又过上了宁静而轻松的田园生活。这里有着波光粼粼的波托马克河；有着丛丛枝繁叶茂的无花果树；有着充满泥土气味的清新空气；有着浓浓的家庭温馨。更重要的是，这里没有大都市的喧闹不已；没有官场生活的繁忙乏味、争执不休；也没有政界的尔虞我诈、相互攻讦……因此，这位为国家利益操劳奔波了一生的老人仍感到从未有过的舒畅。

华盛顿原本希望在波托马克河畔逍遥自在、了此残生，谁料突变的政治风云再次打破了他平静的生活。

由于美国与英国签订了《杰伊条约》，所以认为是英美结盟了，法国就与美国的关系日益恶化起来。先是法国巡洋舰劫持美国商船。接着，法国政府又粗暴无礼地对待美国使节，并对美国一再提出无理要求，美国人民忍无可忍，决定向法国宣战。总统亚当斯本人不熟悉军事，对于突然面临的军事重任一筹莫展。这时，他又想起了弗农山庄的那位老将军。他写信给华盛顿，请求他担任全军的统帅。

华盛顿在给总统亚当斯的复信中说："我过去本没有考虑到在我退休期间有任何欧洲国家前来侵犯合众国……因此，我也没有想到这样短的时间会发生这类事件，使我不能在弗农山庄一心一意地隐居林下、安享天年……万一由

于某种不可抗拒力量，敌人真的入侵我国，只要祖国要求我为击退入侵而效力，我绝不会把年龄和退休当做借口予以推辞。"

同一天，他在给陆军部长的复信中写道："我整个一生都奉献给祖国了，在有生之年，只要我确实知道祖国同意并且需要我牺牲自己的安逸与宁静，我就绝不会在生死存亡的关头再追求安逸和宁静。"

曾决心绝不再迈出自家门槛10英尺之外半步的华盛顿，就这样不得不再次结束了自己的退隐生活。

1798年11月5日，华盛顿正式赴任，在秘书的陪同下带着4个仆人乘着马车，顶着寒风向费城急驰而去……

4天后，费城的一家报纸写道："对于一个饱经风霜和一个满载荣誉的人；一个如此渴求在弗农山庄宁静的树荫下终其一生，而再次出山将要经受战争劳累的人；一个曾如此光荣地为国家争得自由的人，怎样感激都不为过。"

的确，难得这位老人的一片爱国之心。华盛顿在费城同汉密尔顿、平克尼等副手为筹建军队的有关问题忙碌了将近5个星期。此刻的费城已值冬季，天气异常寒冷，这位老将军不久便迫不及待地匆匆返回了弗农山庄。

值得庆幸的是，由于法国督政府内外交困，拿破仑所率领的法国海军又被英国舰队歼灭在埃及港口，美法战争的乌云最终烟消云散，北美大陆恢复了平静与安宁。

不过，美国人民还是牢牢记住了华盛顿不顾年迈体衰，响应祖国再一次召唤的爱国壮举。

✳ 平静地离去 ✳

战争的乌云被驱散，华盛顿又过上了他喜爱的退隐生活。

1799年的冬天来到了，尽管外面寒风刺骨，可是华盛顿仍然风雪不误地去巡视各个庄园，用他的军事术语来说，就是"视察前哨阵地"。

弗吉尼亚的冬天，气候多变。11日晚上，月亮周围出现一个大风圈。12日上午，天色阴沉，北风呼号。10点多钟，华盛顿跨上他的马顶着越刮越猛的寒风，到庄园各处去巡视。

下午1点钟左右，开始下雪了，不一会儿风雪夹着冰雹而来，接着又变成了寒冷的雨。华盛顿不顾天气严寒，继续策马在风雪雹雨中继续行进。

直到下午3点钟光景，华盛顿才回到弗农山庄的宅邸（dǐ）。年轻的秘书利尔先生急忙迎了上去。他看见华盛顿的头上落满了雪花，雪水还往他脖子里淌，便焦急地说："将军，您已经被淋湿了，得赶快换衣服了。"

华盛顿回答说："我穿着大衣，身子还没淋湿！"由于晚饭准备好了，所以，他没有换衣服就坐下吃饭了。

第二天早晨，积雪已经有3英寸深，窗外白茫茫一片，雪花仍在天空悠悠地飘着。他无法像往常一样骑马外出。这时他的嗓子有些疼痛，他没加注意。下午天刚转晴，华盛顿又迫不及待地外出工作，踩着积雪给准备砍伐的树木标上记号。这时，他的声音已经嘶哑了。到了晚上，他的嗓子嘶哑得更厉害了。但是，这位倔犟的老人仍不把病情当回事。

黄昏时分，华盛顿与马莎、利尔一起坐在客厅里，阅读邮局送来的报纸。他的心情很愉快。当他读到有趣的新闻时，还扯着沙哑的嗓门念给夫人和秘书听。

在回去休息的时候，利尔建议华盛顿吃些感冒药，华盛顿回答道："不用，你知道，我可是从来不吃感冒药，它自己会好的。"

晚上，华盛顿还坚持记了日记，"12月13日——早晨，雪，约3英寸深——东北风，温度零下30度。下午1点钟雪停，大约4点钟天气放晴，风力减弱。晚上气温零下28度"。华盛顿万万没想到，这竟成了他一生中写下的最后的文字。

14日大约凌晨两三点钟，弗农山庄一片寂静，人们都已沉睡在梦乡中。

夜里，他身上发冷，呼吸困难，嗓子又像火烧般地灼痛起来。他剧痛难眠，唤醒了夫人。夫人要起来去喊仆人，可华盛顿不让她起床，怕她着凉。直到天亮，女仆进来生火，才派女仆去喊秘书利尔先生。利尔先生找来了曾给奴隶治病的监工罗林斯给华盛顿看病。

家人给老人准备了一种治疗喉咙的含嗽剂。但是，老人一滴也咽不下去，一喝便全身抽搐不止，几乎窒息。太阳出来后，罗林斯来了。根据当时的传统疗法，华盛顿让罗林斯

◎血管放血：放血疗法，又称"针刺放血疗法"，是用针具或刀具刺破或划破人体特定的穴位和一定的部位，放出少量血液，以治疗疾病的一种方法。远古时期便已流传，我国也有很多记载。华盛顿死后，人们开始质疑放血疗法，现在已经被淘汰。

切开他手臂上的血管放血，但是，当将军伸出手臂时，罗林斯却紧张起来。将军吃力地安慰道："不要害怕。"

罗林斯给将军做了一个切口。

将军说："切口还不够大。"

不一会儿，血汹涌而出。马莎担心流血过多，于是便恳求利尔停止放血。

利尔正要解开绳带，将军就伸出手来加以制止，而且紧接着喃喃地道："再放点——再放点。"直到放了1品脱（相当于0.473升）鲜血后，利尔才将切口包扎起来。

华盛顿希望把住在亚历山德里亚的克雷克大夫请来。

克雷克医生赶到弗农山庄时已是第二天上午八九点钟了。他想直接从华盛顿的咽喉部抽血，可惜没有成功，只得继续放血，但毫无疗效。

华盛顿的病情迅速加重，使他无法咳嗽，更难以吞咽。下午4点钟前后，迪克医生和布朗医生也匆匆赶到这里为华盛顿治病。

他们本想切开气管使病人呼吸通畅，后因风险太大未敢实施，只好再次给华盛顿放血，但情况更为恶化。

这时，华盛顿伸手示意夫人，让她去楼下房间取出两份

遗嘱。华盛顿看后又请夫人将其中一份旧的遗嘱烧毁，保存好最近的一份。

下午四点半左右，华盛顿把脸转向利尔先生，握着他的手，轻声地说："我觉得我快不久于人世了，我快不行了。我从一开始便知道，它会要了我的命。请你务必要把我近来有关军事的信件和文件加以整理和笔记。要把账目清理一下，把我的书也放好，这些事情只有你最清楚。让罗林斯先生把我的其他信件都记录好，他已经开了个头。"利尔俯下身去对华盛顿说："将军，请您放心，您的病一定能治愈。您托付的事情我一定尽最大努力做好它！我希望您很快恢复健康。"

整个下午，由于呼吸困难，他看起来十分痛苦，不断在床上变换姿势。利尔努力扶着他，尽可能帮助他翻身。

将军说："我怕你太劳累了。"利尔表示他一点也不累。将军就感激地说："好吧，这是我们必须互相尽的义务。我希望你将来需要这种帮助时，会有人来帮你。"

下午，华盛顿注意到，他的仆人克里斯托弗整天在房间里，而且几乎是站在那里。于是，老人充满慈爱地吩咐他坐下。

5点钟左右，克雷克大夫也来到房间里，走到床边。此时已经触摸到死神之手的华盛顿显得十分悲哀。他对多年的挚友道："大夫，我死起来真难，但是，我不怕死。我从一得病的时候就相信，我躲不了这一关——我快不行了。"

晚间，又采取了进一步的治疗措施，都没效果。叫他服什么药，他就服什么药，完全遵照医生的嘱咐去做，从来没有叫一声苦，也没有呻吟一声。

不一会儿，华盛顿突然又想起了什么，轻轻地问："我侄子和孙女儿什么时候能回来？"

"20日左右才能到家。"

华盛顿听后默不作声，好像在深思着什么。

华盛顿夫人几天来一直坐在他的身边默默无言，悲哀不已。

晚上10点钟左右，华盛顿神志清醒，几次想同利尔谈话，但已经说不出话来，最后从牙缝里挤出几句话来："我马上就不行了，我死了以后，葬礼不要过分，过三天再下葬。"

然后又接着问："你明白我的意思吗？"

利尔回答说："明白。"

他说："那就好。"

大约在晚上10点钟左右，在他断气前，他的呼吸变得舒畅了一些。他安详地躺在那里，把手从利尔的手中抽回，摸着的自己的脉搏。利尔见华盛顿神色有变，忙请克雷克医生诊视。

这时候，华盛顿的手已经无力地垂了下来，停止了呼吸。他平静地离开了世界，没有一点儿挣扎，也没有一声叹息。

当大家沉浸在默默的悲痛中的时候，坐在床脚的华盛顿夫人有气无力地问："他去了吗？"利尔擦去脸上的泪水，用手势表示华盛顿已仙逝了。

葬礼在12月18日举行。下午3点钟左右，送葬队伍出发了，这时11门大炮齐鸣志哀。护卫队走在最前面，4名牧师随后，接着是两名仆人牵着华盛顿生前使用的马匹，驮着他的手枪、枪套，后面是华盛顿的遗体，由军官们抬着缓缓向前……

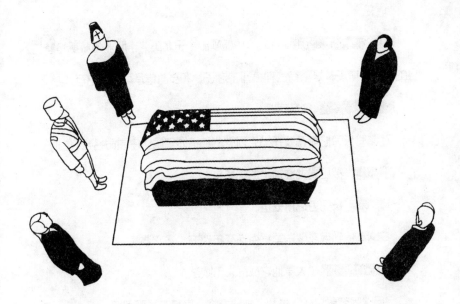

　　家属、好友和送葬队伍紧紧跟随其后，气氛肃穆庄严。

　　当牧师带领大家唱起葬礼曲，念了祈祷文后，华盛顿的遗体被安放进墓穴。

　　华盛顿去世的消息传出后，举国沉痛哀悼。甚至昔日的敌人也为他的逝世做出动人之举：英国海峡舰队鸣礼炮20响志哀。

　　华盛顿是这样一个人：他被自己的同胞尊为"国父"，被朋友誉为伟人；被对手或反对过他的人视为值得尊重的人物。

　　一个人身上缺点那样少，美德那样多，是人类历史上罕见的。就好像上帝所以要授给他各种必需的卓越品质，是为了让他完成一项崇高的使命——领导一次伟大的革命，以开创世界历史的一个新纪元。

1732年　2月22日　乔治·华盛顿出生于北美弗吉尼亚州威斯特摩兰县的布里奇斯溪，是富有的种植园主之子，20岁时继承可观的财产。

1743年　4月　父亲病逝。

7月　兄长劳伦斯在波托马克河畔的种植园定居，庄园命名弗农山庄。

1749年　被正式批准为土地测量员。

1752年　长兄劳伦斯去世。

1753年　到俄亥俄法军据点递交抗议书，多次遇险。

1754年　5月　"大草地之战"，击败法军。

7月　"困苦堡之战"失利，被迫投降，旋辞去军职回家。

1755年　被任命为英军上校副官；英军大败，华盛顿回到弗农山庄。

1755—1758年　随弗吉尼亚民团戍守本州边境，在军中服役，参加了法国人同印第安人之间的战争，从而获得了军事经验和威望。

1758年　参加福布斯攻占迪凯纳堡的战斗。

1759年　与寡妇马莎·卡斯蒂斯结婚。

1774年　被选为代表，出席在费城召开的第一届大陆会议，已经是美国殖民地中最大的富翁之一。

1775年　4月18日　莱克星顿的民兵打响了独立战争的第一枪，拉开了北美独立战争的序幕。

出席第二届大陆会议，被推举为大陆军总司令。

1776年 大陆会议通过著名的《独立宣言》。

12月28日 夜袭特伦顿英军，获胜。

1777年 6月 萨拉托加大捷大败普林斯顿英军，成为独立战争的新的转折点，即率军到莫里斯顿休整。

1778年 谴责"康韦阴谋"，庆祝美法联盟，审判副总司令查尔斯·李。

1780年 接受法军中将和海军中将军衔。阿诺德叛国阴谋败露出逃。

1781年 《邦联条款》正式生效，大陆会议改称邦联议会；约克顿战役获胜，最后一支英军在约克镇投降，独立战争结束。

1783年 9月 英美签订《巴黎和约》，正式承认美国独立。

1787年 9月 华盛顿主持宪法会议，制定了世界上第一部资产阶级宪法《联邦宪法》。确立了美国三权分立的联邦共和制。

1789年 4月30日 华盛顿当选美国历史上第一任总统。

1792年 华盛顿再次以全票当选美国总统。

1796年 11月 华盛顿发表了著名的《告别书》，离开了政治舞台。

1799年 12月14日 华盛顿在弗农山庄逝世，终年67岁。